KB116346

직장인이여
회계하라

직장인이여 회계하라

초판 1쇄 발행 2016년 11월 25일
최신개정판 1쇄 발행 2023년 10월 25일
최신개정판 3쇄 발행 2024년 5월 22일

지은이 윤정용
감수자 이재홍
펴낸이 최순영

출판2 본부장 박태근
W&G 팀장 류혜정
디자인 THISCOVER

펴낸곳 ㈜위즈덤하우스 **출판등록** 2000년 5월 23일 제13-1071호
주소 서울특별시 마포구 양화로 19 합정오피스빌딩 17층
전화 02) 2179-5600 **홈페이지** www.wisdomhouse.co.kr

ⓒ 윤정용, 2016, 2023

ISBN 979-11-6812-829-3 03320

· 이 책의 전부 또는 일부 내용을 재사용하려면 반드시 사전에 저작권자와
㈜위즈덤하우스의 동의를 받아야 합니다.
· 인쇄·제작 및 유통상의 파본 도서는 구입하신 서점에서 바꿔드립니다.
· 책값은 뒤표지에 있습니다.

처음 회계를 공부하는 당신이 알아야 할 것들

직장인이여

최신개정판

윤정용 지음
이재홍 감수

회계하라

위즈덤하우스

누구나 재밌게 회계하기를

2016년 12월 세상에 처음 내놓은 《직장인이여 회계하라》는 '대한민국 누구나 회계했으면 좋겠다!'라는 마음으로 쓴 책입니다. 첫 책이었지만 정말 과분한 사랑을 받았습니다.

"회계 책 완독은 처음입니다."

"이해하기 쉽고 자꾸만 읽고 싶어요."

"책을 읽고 회계 공부할 용기가 생겼어요."

독자들의 리뷰와 메일을 하나도 빠짐없이 읽으면서 '책을 쓰길 정말 잘했구나' 하며 얼마나 뿌듯했는지 모릅니다. 진심으로 감사합니다.

그 후 벌써 7년이라는 시간이 지났습니다. 책장에 꽂힌 《직장인이여 회계하라》를 보면 뿌듯함과 동시에, 가끔 책을 꺼내 '이 부분은 좀 더 재밌고 쉽게 표현할 수 있었을 텐데', '내용에 딱 맞는 최신 사례를 넣으면 더 이해하기 편할 텐데' 하는 아쉬움이 숙제처럼 남아 있었습니다.

《직장인이여 회계하라》의 개정판을 내놓으며 밀린 숙제를 마친 기분입니다. 강의를 통해 수만 명의 직장인들과 만나 직접 들은 궁금증들을 담았고, 독자들과 주고받은 피드백을 반영했으며, 최신 기업 사례와 재무제표, 숫자 들을 모두 업그레이드했습니다.

특히 4부 실전회계에서는 재무제표를 좀 더 입체적으로 읽고 분석할 수 있도록 내용을 강화했습니다. 5부 당신의 성공을 이끄는 회계 공부법에서는 회계 공부의 다양한 방법과 사이트 소개, '재테크하고 싶다면 회계하라'의 재테크 단계별 구체적인 플랜과 도움이 되는 책 소개 등을 대폭 추가했습니다. 그 결과 개정판은 이전보다 100페이지가 늘었습니다. 늘어난 100페이지만큼 회계를 100배 더 쉽고 재미있게 공부할 수 있을 거라 확신합니다.

누구나 회계로 말하고, 누구나 회계를 쉽게 이용하고, 누구나 회계로 세상을 보면 좋겠다는 마음으로 개정판을 썼습니다. 회계는 비즈니스의 언어를 넘어서 삶을 살아가며 꼭 필요한 인생의 기술이니까요.

처음 회계를 만나는 분들이 재밌게 회계할 수 있도록, 저 역시 오늘도 즐겁게 회계하겠습니다.

가장 쉽게 쓴 회계 교양서

윤정용 저자의 《직장인이여 회계하라》는 사회생활에 첫발을 내딛는 모든 새내기 직장인에게 필수적으로 권하고 싶은 책이다. 회계팀 실무 경력자로서 회사에 입사한다면 당장 접해야만 하는 실무적인 내용을 포함하고, 어렵게 느껴지는 회계 용어들도 쉬운 단어로 설명하고 있어 이해가 한결 편하다. 또한 회계 처리의 기초부터 차근차근 설명하면서, 그 원리를 바탕으로 재무제표가 작성되는 방법을 알아보는 것도 흥미로운 부분이다. 또한 4부 실전 회계 부분에서는 이번 개정판의 핵심적인 내용이 추가되어 누구라도 재무제표를 해석할 수 있도록 알차게 설명하고 있다.

몇 년 전 《직장인이여 회계하라》가 출간되기 전에는 국내 회계 교양서는 주로 일본 교양서를 번역한 것들이 주를 이루고 있었다.

하지만 최근에는 국내 저자들의 양질의 교양서들이 많이 출간되었는데, 그 마중물의 역할을 한 것이 윤정용 저자라고 해도 과언은 아닐 것이다. 이번 개정판에는 저자의 경험과 학습이 더 축적되어 보다 더 개정판다운 개정판이 된 것 같다.

전문용어로 전문적인 내용을 쓰는 것은 그다지 어려운 일이 아니다. 하지만 쉬운 단어로 전문적인 내용을 쉽게 이해할 수 있도록 글을 쓰는 것은 매우 어려운 일이다. 이런 시도에서 가장 많은 호평을 얻은 회계 교양서가 바로 이 《직장인이여 회계하라》라고 생각한다. 이번 개정판에서는 저자가 전작에 비해 재무제표를 설명하는 데 한층 더 심혈을 기울인 것 같다. 직장인뿐만 아니라 초보 주식투자자, 대학생들도 회계와 재무제표를 이해하는 데 큰 도움을 받을 수 있을 것으로 기대한다.

이재홍(공인회계사)

차례

회계를 포기한 건 네 잘못이 아니야

회계 공부를 포기한 것은
당신 잘못이 아니다

'난 숫자에 약해. 이건 유전이야.'
'도대체 뭔 소린 줄 모르겠다! 난 안되나 봐!'

회계 공부를 하려는 마음을 먹었지만 시작도 하기 전에 포기하고 있지 않은가? 그런데 그럴 필요 없다. 한마디로 우리는 아무 잘못 없다! 회계는 원래 어렵기 때문이다. '회계 천재'가 되고 싶어서 아무리 책을 읽어도 천재는 될 수 없다. 회계가 쉽다는 건 다 거짓말이다. 회계는 공부할 게 너무나 많고 범위도 넓다. 그러니 공인 자격증이 있는 것이다. '공인' 붙은 자격시험 중 안 어려운 게 어디 있나? 회계 전공자들이 머리 박박 긁으며 공부해도 안 되는 게 회계다. 하물며 회계의 'ㅎ' 자도 모르는 회계 초보인 당신이 회계를 엄청 어려워하는 건 아주 당연하고 자연스럽다.

재무팀 신입 시절, 나는 회계가 뭔지 그 뜻도 몰랐다. 많은 회계 입문서들을 사 모으며 내 나름대로 공부를 시도했지만 맨 처음에 나오는 회계의 정의와 목적만 열심히 봤을 뿐 결국 그 책들은 우리 집 책장의 장식품이 되었다. 회계 비전공자에 회계 완전 초보인 당신이 시중에 나온 회계 책들을 무리 없이 읽는다는 것은 애초에 무리다. 대부분의 회계 책들은 어려운 회계 용어와 설명들이 난무하기에 나처럼 반도 못 읽고 포기하기 십상이다.

왜 그러느냐? 공인회계사, 회계학 교수, 경영컨설턴트 등 회계 전문가들이 쓴 책이기 때문이다. 그들이 쓴 회계 책들은 당신이 알고 싶은 회계와 거리가 참 멀다. 아무리 제목에 '완전 쉬운'이라고 쓰여 있어도 어렵다. 회계를 쉽게 알려주겠다며 스토리텔링 형식을 빌린 회계 책들은 어떠한가? 나의 회계 강의를 들은 한 수강생은 스토리텔링 회계 책을 읽었는데 주인공과 주인공을 둘러싼 인물들의 사랑 줄타기가 흥미진진했을 뿐 남는 지식이 하나도 없었다고 한다. 스토리텔링형 회계 책의 문제는 도무지 써먹을 수 없다는 것이다. 스토리 속 상황이 실생활에 적용되지 않는 것, 이것이 스토리텔링 회계 책의 한계다.

당신이 회계 공부를 포기할 수밖에 없었던 것은 그러므로 당연한 것이다. 전문가들의 눈에는 '너무 쉬운' 회계 책일지라도, 회계 용어를 아무리 친절하게 설명하더라도 회계 지식이 전무한 우리에겐 '외계어'일 뿐이다. 회계 실무자가 아니면 굳이 몰라도 될 모든 정보들을 친절하게도 가득 담은 회계 책들 때문에 중간도 못 가서 책 읽기를 포기하게 되는 것이다. 당신 탓이 아니다. 그들 탓이라고 생각하자. 자, 그렇다면 포기할 줄 알면서도 반복하고 있는 이런 상황을 바꾸려면 어떻게 해야 할까?

회계 지식을 다 알 필요 없다. 써먹지도 못하는 회계 지식 따위 다 버려도 된다. 내가 회계를 전혀 몰랐어도 회계 실무를 할 수 있었던 건 반복적으로 회계를 접하고 써먹으며 일할 수밖에 없는 환경이었기 때문이다. 전부를 알지 않아도 실무는 가능하다. 전부를 알려고 하지 말고 당장 써먹을 수 있고 나에게 딱 맞는 회계를 공부하는 것이 중요하다.

리처드 코치는 《80/20 법칙》에서 "우리 노력의 20%를 투자한 곳에서 80%의 성과가 나온다. 우리가 접하는 친구 중 20%가 내게 80%의 만족감을 주고, 내가 좋아하는 일을 했을 때는 20%의 노력만으로 80%의 결과를 만들어낸다"라고 했다.

회계 공부에도 80/20 법칙이 있다. 회사 또는 업종마다 조금씩 다르겠지만, 회사에서 사용하는 회계 처리는 거의 정해져 있다. 회계 부서에서 일하는 사람의 캘린더를 보면 거의 매월 같은 일을 한다. 회계 실무는 대부분 계속적이고 반복적인 일이기 때문이다. 주로 사용되는 회계 처리와 기준만 알고 있으면 외울 필요 없이 그때마다 찾아서 적용하면 된다. 그러므로 시중에 나온 회계 입문서의 20%만 알아도 80%의 실무는 가능하다. 그것이 내가 만든 회계 80/20 법칙이다.

다시 말하지만 회계를 죽어라 공부할 필요 없다. 꾸준히 반복적으로 공부해서 '회계 습관'을 만들자. 회계 지식을 내 것으로 만들기 위해 1년 동안 미국 공인회계사 과정을 준비한 한 블로거는 비록 자격증을 취득하진 못했지만 회계와 관련된 일을 두려워하지 않고 당당하게 대처할 수 있게 되었다고 한다. 회계는 결국 꾸준하게 반복적으로 공부해 습관으로 만드는 수밖에 없다.

강의를 하면서 만난 교육생들에게는 대부분 회계 트라우마가 있었다. 회계 공부를 열심히 하려고 했지만 너무 어려워서 계속 포기했고, 그것을 자신의 실패로 받아들이는 것이다. 책장에 쌓인 회계 책들이 '실패의 트로피'처럼 보이기까지 한다. 그런데 반대로 생각해보자. 우리는 도전한 것이다. 도전자에게 실패는 당연한 것이다. 그러므로 지금까지 한 회계 공부 경험을 부끄럽게 생각하지 말자. 무언가를 시작하지 않으면 포기도 실패도 없는 것 아닌가? 작심삼일도 계속 반복하면 꿈을 이룰 수 있다고 한다. 다시 공부를 시작하자. 전에 공부했던 내용을 만나면 기분 좋게 아는 척하자.

흔히 회계를 비즈니스 언어라고 한다. 우리가 어렸을 적 언어를 배울 때를 생각해보자. 아기는 쉴 새 없이 "오엥, 에엥, 이엥…" 옹알이를 한다. 엄마 아빠의 입술 모양을 보며 소리를 듣는다. 그러면서 엄마 아빠라는 단어를 배우고 "밥 줘", "사탕 줘" 같은 문장을 말한다. 그러다가 자연스레 입이 트이게 된다. 비즈니스 언어인 회계도 마찬가지다. 아기가 옹알이를 시작하듯 회계 옹알이를 하다 보면, 어느새 회계어를 네이티브 수준으로 구사하고 있는 자신을 발견하게 될 것이다.

이 책이 회계 공부에 도전할 수 있도록 용기를 주고 행동하게 할 수 있다면 더 바랄 바가 없다. 도전하자. 오늘 할 수 있는 회계 공부를 내일로 미루지 말자. 회계 80/20 법칙과 꾸준함으로 승부하자.

이 책을 읽는 바로 지금, 당신은 회계라는 링에 오른 용감한 도전자다!

1부

처음 회계를
공부하는 당신이
알아야 할 것들

살고 싶으면 회계해
Die or Accounting

1장

왜 회계를
공부해야 할까?

모두가 회계 업무를 피할 때,
내 영역으로 끌어당겨라.
당신은 독보적인 존재가 된다.

01

살아남기 위해 회계하라

왜 회계를 공부해야 할까? 답은 간단하다.

"살아남기 위해서."

직장인이 살아남는 길은 승진, 이직, 재테크, 창업이다. 회계는 이 모든 길을 열어주는 출입증이다.

회사에 다니는 친구들에게 회계를 알아야 한다고 이야기하면, "내가 회계 부서도 아닌데 왜 회계 공부를 하냐?"고 말하며 듣는 척도 안 한다. 맞는 말이다. 홍보 부서에서 근무하면서 재무제표를 만드는 일은 없으니까.

그런데 다시 한 번 생각해보라. 부서에서 사용하는 사무용품, 회식비, 교통비 등 발생하는 비용을 어떻게 처리하고 있는가? 보통

회사라면 영수증을 첨부한 전표(거래 유형별로 기록 및 관리하기 위해 계정과 금액을 명시하고 증빙을 붙인 서류. 관리자의 결재를 받아야 함)나 지출결의서를 작성해서 팀장의 결재를 받고 회계 부서 또는 경리 담당 직원에게 제출한다. 예전에는 부서마다 전표를 작성하는 사람이 정해져 있었지만 지금은 잘 갖춰진 시스템 덕분에 규모 있는 회사에서는 누구나 전표를 입력할 수 있게 되었다. 즉 누구나 회계 업무를 해야 되고, 하고 있다는 이야기다.

더욱이 팀장, 부서장으로 올라갈수록 회계 업무에 대한 책임감은 커진다. 팀장은 팀의 경영자다. 팀장은 전표 결재를 할 때 회사와 관련된 비용인지, 팀 예산 내에서 사용된 건지, 계정과목이 맞는 건지를 항상 확인해야 한다. 비용 처리는 팀 실적과 연관되어 있을 뿐 아니라 회사 전체의 비용에 반영되기 때문이다.

전표 입력뿐만 아니라 결산 마감도 있다. 회사는 월마다 결산을 한다. 한 달 동안 회사가 계획한 만큼 실적을 냈는지, 문제는 없는지 회사의 상태를 파악한다. 결산을 위해서 팀들은 회사의 결산 일정에 맞춰 매출과 비용을 마감해야 한다. 특히 팀에서 발행하거나 업체에서 받은 세금계산서가 빠짐없이 처리됐는지 확인해야 한다.

전표 입력, 결산 마감, 영수증 챙기기 등 회계 업무를 귀찮고 본전도 못 뽑는 잡일이라고 절대 무시하지 말자. 오히려 적극적으로 내 업무로 만들자. 처음에는 어렵고 막막할 것이다. 부딪히면서 배우다 보면 회계 실무자와 맞먹는 회계 내공을 쌓을 수 있다. 또 누구와도 바꿀 수 없는 나만의 영역을 구축할 수 있다. 어느 부서, 어느 회사를 가도 회계 내공이 높은 당신을 무시할 사람은 없다. 이것이 직장인이 살아남는 확실한 방법이다.

승진하고 싶다면 회계하라

전 직장에 근무할 때의 일이다. 15년 차 만년사원인 분이 있었다. 그 주임과 함께 업무를 하다 보면 속 터지는 경우가 종종 있었다. 처리할 수 없는 영수증을 제출하고, 품의 또는 견적서 같은 서류 첨부를 빠뜨리는 경우가 다반사였다. 몇 번이고 반려하고 하나하나 알려줘야 겨우 고쳐 오는 수준이었다. 왜 만년사원일 수밖에 없는지 자연스레 이해가 되었다.

반대의 사례도 있었다. 입사한 지 6개월도 채 안 됐는데 빈틈없이 회계 업무를 하는 영업팀 신입사원이 있었다. 궁금한 게 있어도 무서워서 대부분 잘 안 찾는 회계팀에 자주 찾아왔고 적극적으로 물었다. 작은 실수라도 반복하지 않기 위해서였다. 이런 모습이 소문나면서 그를 탐내는 부서들이 많아졌고, 결국 그는 관리 부서로 자리를 옮겨 회사의 예산을 담당하게 되었다.

팀에서 맡은 회계 업무를 무시하지 말자. 회계 업무를 통해 독보적인 존재감을 드러낼 수 있는 절호의 기회다.

이직하고 싶다면 회계하라

이직은 직장인에게 매우 중요한 일이다. 따라서 절대 감정적으로 결정해서는 안 된다. 로스쿨을 나와 작은 로펌을 거쳐 대기업에 들어간 변호사 친구가 있다. 입사한 지 6개월도 안 되어서 또 이 직할 생각이라고 했다. 이유는 월급 때문이었다. 지금 있는 회사와 이직하고 싶은 회사의 사업보고서나 재무제표를 확인했느냐고 물었다. 친구는 대답 대신 연봉이 500만 원 더 많다는 것과 대기업 계열사라는 점을 강조했다. 결국 이직에 성공했지만, 이 친구는 또다시 이직을 고민하고 있다. 새로 옮겨 간 회사에서 자신의 역할이 명확하지 않은 데다가 그룹 경영진이 이 계열사의 매각을 고려 중이라는 소문이 돌고 있기 때문이다.

이직을 하기 전에는 반드시 이직하려는 회사의 사업보고서와 재무제표를 확인해야 한다. 회계는 회사의 정체를 파악할 수 있는 정보를 제공한다. 회사의 주인이 누구인지, 어떤 사업을 진행하고 있는지, 재무 상태와 영업 실적 등 회사의 모든 활동을 볼 수 있다. 헤드헌터나 지인의 말, 인터넷 뉴스만 믿지 마라. 성공적인 이직을 위해서는 10년 후에도 건실한 회사, 내 가치를 인정해주는 회사를 찾는 일에 더 많은 시간과 고민, 수고를 더해야 한다. 취업 또는 이직을 위한 다양한 회계 팁은 '5부 당신의 성공을 이끄는 회계 공부법'에서 자세히 다룰 예정이다.

재테크하고 싶다면 회계하라

코로나19가 기승을 부렸던 2021년에 이런 뉴스가 있었다. 서울 중산층이 내 집 마련을 하려면 한 푼도 쓰지 않고 꼬박 18년 6개월을 모아야 한다는 기사였다. 부모의 도움 없이 월급만으로는 절대 내 집 마련이 불가능한 것이 현실이다. 그래서 많은 직장인들이 재테크 관련 책을 읽으며 재테크에 도전한다. 그리고 '영끌'하며 내 집 마련에 성공했지만 대부분 갚아야 할 돈인 부채로 산 거라 화장실만 내 집이고, 나머진 은행 것이라는 웃기고 슬픈 현실이었다.

한 대기업에서 신입사원 50명을 대상으로 '신입사원을 위한 스마트한 월급관리'라는 주제로 강의를 했다. 2021년 투자 열풍으로 주식투자와 펀드투자 등 재테크를 하고 있는 직원이 50명 중 49명이었다. 그런데 투자 방법을 물으니 대부분 "유튜브가 멘토", "우량주 장기투자", 심지어 "감으로 한다"고도 했다. 단언컨대 이렇게 투자하면 망한다. 내 집 마련 기간이 18년 6개월이 아니라 186년으로 늘어날 수도 있다.

증권사 애널리스트는 회사의 회계정보를 통해 재무 상태, 실적, 시장 상황을 분석해서 투자보고서를 작성한다. 열심히 작성한 투자보고서를 읽을 수 없다면 제대로 된 투자를 할 수 있을까? 또 내가 애널리스트처럼 기업의 재무제표를 분석하고 가치 평가를 할 수 있어야 한다. 이게 귀찮고 어렵다면 주식투자를 하지 않는 게 맞다. 그리고 친구 따라 망하는 투자는 그만하자. 친구가 알려주는 정보는 북한 주민만 모르고 다 알고 있는 정보다. 기업의 실태를 숫자로 알려주는 회계는 안정적인 재테크를 도와준다.

창업하고 싶다면 회계하라

정년이 보장되지 않는 직장인들에게 창업은 로망이자 현실이다. 회사를 떠나야 하는 상황이 닥쳤을 때 떠밀리지 않고 당당하게 나가려면 창업을 준비해야 한다. 창업 준비의 기본은 회계다. 창업에 드는 돈, 현금 관리, 세금 신고 등 사업을 하다 보면 바로 회계 문제에 부딪히게 된다.

초보 사장들을 위한 회계 강의에서 만난 분들에게 회계 업무를 어떻게 하고 있느냐고 물어보면 세 부류의 대답이 나온다.

회계사 또는 세무사에 맡기고 있다.
엑셀로 대충 하고 있다.
그럴 시간이 없어서 안 한다.

한마디로 '회계 업무는 골치 아파' 쉽게 회계를 포기하고 전문가에게 회사의 장부를 떠넘기는 것이다.

그런데 다시 한 번 생각해보라. 회사가 작은 규모일 때는 오히려 회계에 쉽게 도전할 수 있다. 매출과 비용이 발생하는 건수가 적으므로 발행하거나 수수하는 세금계산서 역시 적다. 거래가 적으면 그만큼 입력하는 데이터도 적으므로 쉽게 회계장부를 작성할 수 있다. 게다가 복식부기(하나의 거래를 차변과 대변으로 나누어 계정을 이중 기록하는 것)를 몰라도 입력만 하면 회계장부가 자동으로 작성되는 공짜 회계 소프트웨어도 많다.

왜 도전도 하기 전에 회계를 포기하는가! 회계는 손으로 직접 입력해봐야 한다. 비용 전표를 직접 입력해봐야 어떻게 하면 비용을 줄일 수 있을지 고민하게 되고, 결산과 세무 신고를 직접 해봐야 어떻게 하면 절세를 할 수 있을지 고민하게 되고, 재무제표를 직접 봐야 매출을 늘릴 방법을 찾고자 불꽃 같은 의지를 불태울 수 있다.

회계를 모르면 전문가에게 맡겨도 회계정보를 활용할 수 없고 원할 때 신속하게 회계정보를 받을 수도 없다. 전문가가 연말에 넘겨주는 엑셀 파일을 보며 '오, 멋있다! 역시 전문가군' 하며 그저 만족할 뿐이다.

"나중에 유능한 회계 직원 뽑으면 되죠! 뭐가 문젭니까?"라고 말한다면, 인터넷 검색창에 '회사, 직원, 횡령, 사고'를 검색해보길 권한다. 엄청난 양의 횡령 사건 소식이 나온다. 횡령이 트렌드인가 생각될 정도다. 무엇보다 회사의 돈이 어디 어떻게 쓰이는지 잘 모른다는 사실만으로도 불안하지 않은가? 사장이 회계를 알면 적어도 실패 가능성은 현저히 낮아진다.

'경영의 신' 이나모리 가즈오의 말로 되묻고 싶다.

"회계를 모르고 어떻게 사업을 한단 말인가?"

회계를 모르고 어떻게
사업을 한단 말인가?

직장인의 최강 생존 스킬,

회계어

회계어로 회사에게 말을 걸자!

02

회사와 회계로 대화하라

같은 대학 친구 연진이와 동은이가 길에서 우연히 만났다.

동은 연진아, 이직 소식 들었어. 축하해. 너네 회사 복지 어때?

연진 응, 우리 회사 복지 좋지. 콘도도 지원받고, 명절 때 선물도 주고, 직원 경조사 때 경조금도 잘 나와. 너도 최근에 회사 옮겼잖아. 그 회사는 어때?

동은 응, 우리 회사 재무제표를 봤더니 매출액은 100억인데 복리후생비(직원의 복리 및 후생을 위해 쓴 비용. 줄여서 '복후비')로 30억을 쓰고 있더라고. 매출액 대비 복리후생비가 30%면 돈 벌어서 대부분 직원들을 위해 쓰는 거지. 결혼하면 1000만 원, 출산하면 100만 원, 게다가 5년만 일하면 자녀 학자금도 지원해줘. 또 연간 수익은 증가하면서도 비용은 감소하고 있어서 영업이익률이 15.8% 정도로 꽤 안정적이야. 자산의 40%가 현금성자산이라 재무상태도 건강하고. 그래서 이 회사에 옮길 생각을 한 거야.

연진 동은아, 나 퇴사하고 거기 입사할래!

동은 브라보. 어서 와, 연진아!

동은과 연진 중 누가 더 이직할 회사에 대해 꼼꼼히 따져본 걸까? 당연히 동은이다. 그의 이야기를 들으면 회사가 직원들을 얼마나 배려하고 신경 쓰는지, 얼마나 성장하고 있는지 등을 알 수 있다.

회계는 회계정보로 회사와 대화를 나누는 직장인 최강의 생존 스킬이다. 내가 하고 있는 회계 강의 수강생 중 컨설팅 회사에 다니고 있는 직장인이 있었다. 실적 회의 때 회계용어들이 난무하는데 도무지 알아들을 수가 없었다고 한다. 행여 상사와 눈이 마주치면 질문이라도 던질까 봐 고개를 숙이고 커피만 마셨다고 한다.

당신이 모시고 있는 상사는 회계어로 말하고 생각한다. 회계어가 적혀 있는 보고서를 원한다. 그런데 회계를 복잡한 숫자전쟁으로 보고 도망친다면 영원히 '회포자', 즉 회계를 포기하는 사람이 된다. 회사의 높은 자리에 올라갈수록 회계를 이해하고 말하는 능력인 회계어가 중요하다. 회계를 공부해서 회사의 속삭임을 듣자. 그리고 회사에게 회계어로 말을 걸자.

당신은 이미 알고 있을 것이다. 직장에서 높은 자리로 올라가기 위해서는 회계를 반드시 알아야 한다는 것을. 대기업의 경우, 회계를 모르는 사람은 절대 임원이 될 수 없다. 회계는 승진시험의 필수 과목이다.

03

CEO의 눈을 훔쳐라

스타벅스는 현재 전 세계에서 제일 크고 제일 잘나가는 커피 전문점이다. 이런 스타벅스에도 엄청난 위기가 있었으니 바로 금융위기 블랙홀이 있었던 2008년이었다. 이때 스타벅스는 글로벌 금융위기의 쓰나미를 피하지 못했다. 스타벅스의 주가는 전년 대비 50% 가까이 하락한 9달러였고, 영업이익은 전년 동기 대비 28%까지 하락하는 창립 이래 최대의 위기를 맞게 된다.

스타벅스를 세계적인 기업으로 성장시킨 하워드 슐츠는 2000년에 CEO(최고경영자) 자리에서 물러났지만 2008년 1월, 위기의 스타벅스를 살리기 위해 CEO로 재출격했다. 당시 하워드 슐츠는 회계정보를 통해 몸집 키우기에만 급급했던 회사의 심각성을 분석하고 상황을 타개하기 위해 신속하게 경영 판단을 내린다. 슐츠는 복귀한 뒤 미국 전역의 7100개 스타벅스 매장을 오후 5시 30분부터 9시까지 3시간 30분 동안 닫고 13만 5000명의 바리스타 직원들에게 최고의 커피를 만드는 교육을 시켰다. 이로 인해 600만 달러 손실이 발생했지만 고객만족도는 더 높아졌다. 또 내부적으로 불필요한 비용 절감 및 지출 관리 등 직원들에게 끊임없이 혁신을 요구했다. 결국 스타벅스는 위기를 극복하고 무섭게 성장하며 재기에 성공한다. 세계 최고의 커피 전문점 스타벅스가 살아남을 수 있었던 이유다. 2023년 기준 스타벅스 주가는 100달러를 넘었다. 하워드 슐츠처럼 성공한 CEO의 경영 방식은 사자가 정글에서 살아남는 방법과 닮았다.

CEO는 수사자처럼 회사를 봐야 한다

수사자는 사냥에 나설 때면 우선 벌판을 지그시 바라본다. 사냥감이 어디에 있고, 암사자들이 어디에서 사냥감을 몰아올지 길을 그려보는 것이다. 암사자가 사냥을 시작하면 수사자는 최적의 지점에서 덤불 속에 웅크리고 숨는다. 암사자가 사냥감을 몰아오면 수사자는 한 번에 사냥감의 목을 물어 숨통을 끊어버린다. 사냥의 과정을 한눈에 보는 것이다. 이처럼 CEO는 재무상태표, 손익계산서, 현금흐름표 등 재무제표를 통해 회사 전체를 손바닥 들여다보듯이 훤히 알고 있어야 한다.

CEO는 암사자처럼 회사를 봐야 한다

암사자는 쉽게 사냥할 수 있는 사냥감을 구별한다. 어슬렁거리며 다리를 절고 있거나 비실비실한 사냥감이 없는지 세심하게 살펴본다. 이처럼 CEO는 제품별 매출액 & 원가 분석, 부문별 실적 등 회사의 수익과 비용 구조에 문제가 없는지 세세하게 살펴봐야 한다.

CEO는 사자 무리를 지키듯 회사를 봐야 한다

사자는 무리를 지어 생활한다. 무리들 가운데 우두머리 역할인 오직 한 마리의 수사자가 자신이 관리하는 영역에 낯선 사자가 사냥하지 못하도록 덤불에 똥오줌을 싸거나(냄새가 3~4주 간다고 하니 얼마나 지독할까?), 사자후를 토해서 자신의 영역을 알리고 침입자에게 경고를 한다. 미리 위험에 대해 대비를 하는 것이다. CEO는 실시간 영업 실적, 손익 전망, 실시간 생산량, 재고량, 출고량을 통해 회사의 실태를 실시간으로 파악하고 미래를 대비해야 한다.

회계정보를 읽는다는 것은 CEO처럼 회사의 상황과 문제점, 모든 활동을 한눈에 파악한다는 이야기다. 사자 같은 CEO의 눈을 훔치자. 회계를 알면 우리 역시 CEO의 눈으로 회사를 볼 수 있다.

사자가 정글을 지배하듯,
CEO는 회계로 회사를 지배한다!

2장

잘나가는 회장님은
회계를 직접 챙긴다

회사가 살아남기 위해서는 CEO가 회사의 모든 것을 면밀히 살펴봐야 한다. 위기일 때 무엇을 없애야 살 수 있는지 판단을 해야 하기 때문이다. 배가 침몰해가는데 무엇을 버려야 할지 모르고 물만 퍼내고 있다면 그 배는 반드시 침몰한다. 하지만 회계는 무엇이 중요한지 무엇을 버려야 할지 숫자로 알려준다. 전설적인 경영 그루 피터 드러커가 말했다. "측정되지 않는 것은 관리할 수 없다."

　　회계를 직접 챙기는 CEO는 기업의 실태를 숫자로 정확히 나타낼 수 있도록 회계장부 검사를 직접 한다. 매일 밤 직원들이 다 퇴근하면 혼자 남아 10원 한 장 틀리지 않도록 전표 검산을 하는 것이다. 물론 규모가 커지면 대표 혼자서 관리할 수 없다. 세계적인 기업인 구글, 디즈니, 애플, 소프트뱅크 같은 회사는 CEO가 회계를 직접 챙기지만, 곁에 전문적인 회계 지식과 창의적인 경영 센스를 갖춘 최고의 CFO(최고재무책임자)를 둔다.

"숫자에 기초한 경영을 하라!"

_이나모리 가즈오

01

경영의 신 이나모리 가즈오

회계의 중요성을 삶으로 보여준 사람을 꼽으라면 단연코 교세라Kyocera의 창업자 이나모리 가즈오를 들 수 있다. 그는 27세에 교세라를 창업한 후 바닥부터 경영을 배워나갔다. 공학을 전공한 엔지니어였으므로 경영이나 회계에 대한 지식이 전혀 없었지만 기업을 운영하며 회계가 경영의 뼈대를 이룬다는 사실을 알게 되었다. 회계에 문제가 생기면 반드시 망한다는 생각을 가지고 기업의 모든 활동이 회계의 숫자로 정확하게 나타날 수 있도록 노력했다. 이렇게 해서 만들어진 '회계경영'의 원칙은 교세라가 최고의 회사로 성장하는 데 기초가 되었고, 그를 '경영의 신'이라 불리게 했다.

회계 경영으로 죽어가는 일본항공을 살리다

2010년 1월, 일본항공JAL은 파산을 신청했다. 부채 총액은 2조엔, 우리나라 돈으로 20조 원이 넘었다. 일본 역사상 유례를 찾아보기 힘든 최대 규모의 파산이었다. 정부의 낙하산 인사를 영입하고, 공익적 이익을 우선해야 한다며 회사 매출에 전혀 도움이 되지 않는 전국 노선을 이곳저곳에 만들고, 정년퇴직한 직원들에게 높은 연금을 지급한 결과였다.

다급했던 일본항공은 경영의 신 이나모리 가즈오를 구원투수로 영입하였다. 그리고 그는 기적을 만들어냈다. 부임한 지 12개월 만에 일본항공을 흑자로 전환시켰으며, 법원에 회생 계획을 제출한 지 2년 8개월 만에 매년 2조 원대 흑자를 내며 회사를 재상장시켰다.

이나모리는 일본항공의 경영진에게 세 가지 조건을 요구했다. 그중에 가장 강조한 것이 "숫자에 기초한 경영을 하라"였다. 그는 회계정보를 통해 일본항공의 문제점들을 발견하고 조치를 취했다. 그리고 매출은 최대화하고 비용은 최소화하는 수익성 중심의 숫자경영을 시작했다.

우선 적자 노선을 없앴다. 그 결과 247개에 달하던 전체 노선의 30%를 줄여서 173개로 조정했다. 그리고 항공기의 가짓수를 줄였다. 각 급마다 한두 기종으로 가짓수를 줄이면서 구매, 부품, 정비 비용을 낮췄다. 보유한 비행기의 평균 운항 비용도 20%를 낮췄다. 직원들에게 매출과 비용 등 성과에 대한 경영 정보를 투명하게 공개했고, 그 결과 직원들이 직접 비용 절감에 나섰다. 경영진과 전 직원의 노력으로 일본항공은 2년 8개월 만에 부활할 수 있었던 것이다.

이나모리 가즈오는 회사가 살아남는 힘이 회계에서 나온다는 것을 꿰뚫어 본 경영의 신이었다. 그의 회계 경영을 더 자세히 알고 싶다면 《이나모리 가즈오의 회계 경영》을 읽어보라.

"한치의 오차도 없이
숏자로 나타내라!"

_손정의

02

세계적인 IT재벌 손정의

조선의 4번타자 이대호 선수가 MVP로 활약했던 일본의 호크스 팀. 호크스 팀이 소속된 소프트뱅크는 한때 일본에서 자산이 가장 많은 한국계 일본인, 손정의 회장이 경영하고 있는 회사다.

경영의 스피드를 높이는 실시간 결산

세계적인 IT재벌 손정의 회장의 숫자에 대한 집착은 무서울 정도다. 소프트뱅크의 회계팀은 기업의 활동을 한 치의 오차도 없이 철저하게 숫자로 나타내야 하고, 실시간으로 결산을 해야 한다. 월결산을 하는 대부분 회사와 달리 소프트뱅크는 창업 후부터 '일일결산'을 해왔다. 지금은 회사의 규모가 커졌음에도 불구하고 여전히 각 부문의 장들은 손 회장에게 몇 시간 단위로 실적 보고를 해야 한다. 그때그때마다 달라지는 시장의 흐름에 대처하기 위해 실시간으로 회계정보를 보고 경영 판단을 하겠다는 것이다.

손정의 회장은《손정의 미래를 말하다》에서 자신의 소프트뱅크를 만든 과정을 설명한다. 그는 사업가가 되기로 작정하고 1년 반 동안 생각의 홍수에 빠졌다고 한다. 40개가 넘는 새로운 비즈니스 모델을 만들고, 예상 손익계산서와 재무제표, 자금 회수 계획 등 10년 치 비즈니스 플랜을 철저하게 짰고, 경쟁사 분석과 시장을 샅샅이 조사해서 서류 뭉치만 1미터였다고 한다. 그런데 하다 보니 더 좋은 아이디어가 떠올라서 이런 과정을 40번이나 반복했고, 그 결과가 소프트뱅크였다.

건물을 지을 때의 과정에 비유해보자면 회계는 '바닥 다지기'와 같다. 바닥을 단단하게 다져야 건물을 튼튼하게 빨리 세울 수 있다. 회계를 안다는 것은 사업의 바닥을 손으로 다지는 것이다. 회계 자료들을 쌓아놓고 살펴보던 손정의 회장이 넘버원 기업을 만들 수 있다고 흥분한 것은 회사의 숫자를 통해 회사의 전체 모습을 눈앞에 생생하게 그릴 수 있었기 때문이다. 그 결과 소프트뱅크는 일본 최고의 기업이 될 수 있었다.

소프트뱅크는 현재 소프트웨어, 통신사업뿐만 아니라 금융, 로봇, 게임까지 사업의 영역을 확장했다. 중국 전자상거래 1위 업체 알리바바에 투자해서 성공을 거뒀고, 한국의 소셜커머스 업체인 쿠팡에 지속적으로 투자해서 상장을 시켰다. 2017년에는 사우디아라비아 국부 펀드PIF 등과 세계 최대 규모인 1000억 달러(약 139조 원)의 비전펀드를 조성해 전 세계 470여 개 IT기업에 투자했다.

과감한 투자를 통해 성공을 이뤄낸 손정의 회장의 자신감은 바로 회계에서 비롯된 것이다.

"어떤 사람은 〈플레이보이〉를 읽지만
난 재무제표를 읽는다."

_워런 버핏

03

투자의 귀재 워런 버핏

세계에서 제일 잘나가는 투자회사 버크셔해서웨이의 회장이자 '오마하의 현인'이라 불리는 워런 버핏. 그는 자타가 공인하는 투자의 귀재다. 워런 버핏은 〈포브스〉가 발표한 '2023 세계 억만장자 보고서'에서 자산 1074억 달러로 5위에 올랐다. 2006년 이후 자선단체에 기부한 액수가 510억 달러다. 기부한 금액까지 합하면 일론 머스크를 제치고 2등이다. 해마다 오마하에서 열리는 버크셔해서웨이의 주주총회에는 전 세계의 투자자들이 이 남자의 한마디를 듣기 위해 몰린다. 매해 워런 버핏과의 점심을 먹는 기회를 잡기 위해 경매가 벌어지며, 2022년에는 무려 1900만 달러(약 247억 원)에 낙찰되었다. 버핏의 한마디가 수백 억 이상의 투자정보가 되기 때문이다.

과연 워런 버핏은 어떻게 투자의 귀재가 되었을까?

투자의 기본은 재무제표 읽기다

"어떤 사람은 〈플레이보이〉를 읽지만 나는 재무제표를 읽는다. 투자자라면 수많은 기업의 사업보고서와 재무제표를 읽어야 한다."

버핏의 말을 보면 투자에서 재무제표 읽기가 얼마나 중요한지 알 수 있다. 재무제표 읽기는 회계의 기본이다. 버핏은 재무제표 읽기를 바탕으로 가치투자를 한다. 재무제표를 분석하면 오래 살아남는 힘과 남다른 경쟁 우위를 가진 기업을 발견할 수 있기 때문이다. 버핏의 눈에는 재무제표 속에 '황금'이 숨어 있는 것이다. 버핏이 자랑하는 가치투자란 곧 '오래 살아남는 기업에 투자하는 것'이다. 버핏은 가치투자를 위해 재무제표를 수없이 보며 공부했다.

이와 관련해서 인상 깊은 일화가 있다. 1999년 미국에서 엄청난 IT투자 붐이 일었다. IT 관련 주식 가치가 마구 치솟을 때 버핏은 투자를 하지 않았다. 자신이 잘 모르는 분야였고, 재무제표를 보니 오래 살아남을 가능성을 찾기 힘들었기 때문이다. 이후 IT투자 붐은 거짓말처럼 사라졌고 IT주 대폭락이 일어났다. 만약 당시에 버핏이 남들처럼 IT주에 투자했다면 지금의 워런 버핏은 존재할 수 없었을 것이다.

그는 IT투자 붐이 일 때 IT주 또는 기술주를 외면했다가 2016년에 애플에 투자를 시작했다. 탄탄한 재무상태, 팔면 많이 남는 고마진 손익구조가 애플의 재무제표에 보였기 때문이다. 다들 "애플 주가는 다 올랐는데 고점에 잡았네…. 워런 버핏, 한 물 갔네…. 쯧쯧" 손가락질했지만 워런 버핏이 투자하고 나서 애플은 엄청난 주가 상승을 보였고, 현재 전 세계 시가총액 1위를 굳건히 지키고 있다. 워런 버핏은 애플에 대한 투자로 1200억 달러의 평가차익을 냈다. 다만 회계상 이유로 2018년부터 애플 지분을 일부 매각했는데 이 결정에 대해 정말 멍청한 결정이었고 후회한다고 고백했다. 그리고 애플은 버크셔해서웨이가 보유한 4가지 보석 중 하나라고 강조할 정도로 최고의 투자로 꼽았다.

재무제표 읽기는 쉽지 않지만 공부한 만큼 보인다. 이 책을 다읽을 때쯤이면 재무제표를 쉽게 읽을 수 있을 것이다. 워런 버핏의 재무제표 읽는 방법이 궁금하다면 그의 비서이자 며느리였던 메리 버핏이 쓴《워렌 버핏의 재무제표 활용법》을 보자.

3장

숫자와 친해지기

01

숫자감각과 회계는 상관없다

숫자공포증이 있던 나는 항상 계산이 틀리는 게 두려웠다. 엑셀도 못 믿어서 손으로 계산기를 몇십 번이고 두들겨봐야 안심했다. 대학교 때 회계를 구경해본 적도 없다. 그런 내가 지금은 회계 실무도 하고 있고 회계 강의도 하고 있다. 이런 나도 했으니 당연히 당신도 할 수 있다.

"안녕하세요. 7월에 '직장인이여 회계하라' 강의를 수강했던 주○○입니다. 쌤 덕분에 동기부여를 받아서 별생각 없이 회계관리 자격증(삼일회계법인에서 시행하는 국가공인시험 자격증) 2급 시험을 봤는데 오늘 합격이라고 떴네요. 이왕 시작한 거니 1급까지 따보려고 합니다. 굳이 필요한 자격증은 아니지만 인생살이에 꼭 필요한 게 정해져 있는 건 아니더라고요."

나의 강의를 듣고 회계관리 자격증 시험에 도전해서 합격한 수강생의 카톡 메시지다. 내가 합격한 것처럼 기뻐서 주변에 마구 자랑하고 다녔다. 이후로도 다양한 분들로부터 좋은 소식을 들었다. 나도 해냈고, 이분도 해냈고, 여러 분들도 해냈으니 당신도 역시 할 수 있다.

숫자감각이 뛰어나야 회계를 잘하는 것은 아니다

강의를 하다 보면 "숫자감각이 뛰어나야 회계를 잘하지 않나요?"라는 질문을 많이 듣는다. 숫자감각이라···. 도대체 숫자감각이 있다는 건 뭘까? 암산을 척척 해내는 사람? 수학을 잘하는 사람? 숫자를 빨리 읽는 사람?

이런 기준이라면 나는 절대 회계를 해서는 안 될 사람이다. 숫자 공포증에 수학도 못하고, 숫자감각 역시 제로인 인간이기 때문이다. 부끄러운 고백을 하나 하자면 고3 모의수능 수학에서 80점 만점 중 27점을 맞은 적도 있었다. 수학을 만든 사람이 참 원망스러웠다.

회계는 다행히도 수학이 아니다. 수학 공식을 모르더라도 더하기, 빼기, 나누기, 곱하기 이렇게 사칙연산만 할 수 있어도 회계 실무를 거뜬히 할 수 있다. 어렸을 때 엄마가 내준 퀴즈를 떠올려보자.

"사과가 3개 있어. 하나는 정용이가 먹고, 하나는 엄마가 먹었네? 그럼 사과는 몇 개가 남지?"

이 정도만 풀 수 있어도 회계 실무를 할 수 있다. 내가 산증인이다. 그렇다면 회계 공부를 하기 전에 가장 먼저 해야 할 것이 뭘까? 좋은 근성을 만드는 것이다. 회계 공부에 필요한 회계근성 말이다. 회계근성에는 숫자를 두려워하지 않는 멘털이 있다. 숫자를 두려워하지 말아야 한다.

숫자 앞에서 쫄지 말자. 결국 당신이 이길 것이다. 숫자와 관련된 모든 것에 덤비자. 어려운 것부터 시작할 필요 없다.

숫자를 두려워하지 않으려면 어떻게 해야 할까?

1. 돈 계산을 하자! 각종 모임에서 총무 역할을 도맡아라. 친구들과 식사를 하거나 계 모임을 갖거나 직장에서 회식을 할 때 총무가 되어서 돈 계산을 맡아라. 머리로 계산하지 말고 계산기나 엑셀을 이용하면서 숫자와 친해지자.

2. 엑셀로 숫자를 정리하자! 엑셀로 가계부 정리를 해보는 것도 좋다. 상하수도료, 휴대전화 사용료, 인터넷 사용료, 도시가스 요금 등을 엑셀로 정리해서 월 증감 추세를 그려보자.

3. 숫자를 비교하자! 인터넷 쇼핑을 할 때 가격을 비교하는 습관을 갖자. 귀찮다고 내가 자주 가는 쇼핑몰만 이용하지 말고, 가격을 비교해서 같은 제품을 더 싸게 사도록 네이버쇼핑, 다나와, 에누리닷컴 같은 비교사이트를 이용해 가격을 비교해보자. 이렇게 숫자 읽기, 적기, 생각하기를 꾸준히 하다 보면 숫자를 두려워하지 않게 된다.

회계는 숫자감각이 없어도 괜찮다. 그러나 숫자를 두려워해서는 안 된다. 숫자에 대한 두려움을 없애는 것, 이것이 회계 공부를 하기 전 가장 먼저 해야 할 일이다. 무엇보다 확실한 사실은 우리는 회계 공부에서 승리할 것이다.

숫자 앞에서 쫄지 말자!

02

숫자와 친해지는 관심법

회계팀에서 근무할 때, 회계팀장은 숫자의 작은 오류도 기가 막히게 잡아냈다. 그래서 나는 보고하기 전에 숫자가 잘못되지 않았는지 적어도 다섯 번은 확인해야 했다.

복잡한 숫자에도 예외는 없이 이런 식이었다.

"24,524,227원? 저번에 보고한 숫자랑 다른 것 같은데? 맞아? 확인해봐!"

"아…! 24,524,272원입니다."

"(째려보며) 좀 알아서 하자, 알아서! 얼른 고쳐"

숫자를 읽고 숫자를 기억하는 능력이 뛰어난 사람들은 대부분 높은 자리에 있는 분들이다. 그들은 숫자로 생각하고 숫자로 말한다. 《숫자력》이란 책을 쓴 고미야 가즈요시는 재무회계를 공부하기 전에 숫자를 보는 방법, 숫자를 다루는 방법을 먼저 익혀야 된다고 주장한다. 그러기 위해서는 숫자에 관심을 가지는 것부터 출발해야 한다고 했다. 고미야 가즈요시는 주가가 언제 1만 엔을 넘을지 상사와 내기를 한 후 매일 주가와 국내외 경제, 금융 이슈를 확인하는 습관을 갖게 되었다. 자동차를 너무 좋아해서 국산차든 수입차든 가격, 배기량, 성능을 꿰차고 있는 것도 관심에서 비롯된 것이다.

우리는 숫자 덕후가 되어야 한다. 숫자 덕후가 되는 방법은 앞에 나온 고미야 가즈요시의 예처럼 본인이 좋아하는 취미나 흥미로운 분야에 나오는 숫자를 관심 있게 보는 것이다. 관심 있게 보면 전에는 읽을 수 없었던 숫자의 의미를 읽게 된다. 개인적으로 경제신문 읽기를 추천한다. 경제신문에는 숫자들이 많이 나온다. 눈에 띄는 숫자들이나 관심 있는 기사에 나온 숫자들을 읽어가면서 종이에 직접 적어보자. 예를 들어 미국과 한국의 금리변화나 코스피KOSPI(매출 규모가 큰 중견, 대기업들의 주식을 매매하는 시장. 상장 조건이 무척 까다로움), 코스닥KOSDAQ(비교적 규모가 작거나 신생기업들의 주식을 매매하는 시장. 위험도가 다소 높음) 지수의 변화 등을 기록해보는 것이다. 관심 있게 보고 기록하다 보면 숫자의 추이가 보이고, 숫자의 추이가 내 생활에 어떤 영향을 미치는지 경제 뉴스와 관찰을 통해 알게 된다. 이렇게 하다 보면 숫자를 이해하고 생각하는 나만의 관점이 생긴다.

그리고 읽거나 알게 된 내용을 시간 있을 때마다 남에게 말하

자. 블로그를 쓰는 것도 추천한다. 숫자로 생각하고 말하는 게 어색하지 않도록 일상에서 연습하는 것이다. 숫자로 말하고 숫자로 생각할 때 숫자는 나에게 와서 꽃이 될 것이다.

큰 숫자 빨리 읽기

앞서 고백한 것처럼 나는 숫자를 잘 못 읽었다. 100만 원만 넘어가도 이게 얼마인지 몰라서 숫자마다 손가락으로 짚어가며 일, 십, 백, 천, 만, 십만, 백만… 이렇게 읽다가 회계팀 선배한테 자주 혼이 났다.

그래서 생각한 것이 쉼표를 읽는 거였다. 만약 나처럼 큰 숫자 읽기에 어려움을 느낀다면 숫자 대신 쉼표를 읽자. 어떤 큰 숫자도 쉽고 빠르게 읽을 수 있다.

1,000 쉼표가 한 개면 천 원
1,000,000 쉼표가 두 개면 백만 원
1,000,000,000 쉼표가 세 개면 십억 원
1,000,000,000,000 쉼표가 네 개면 일조 원

유치해 보이지만 조 단위까지 빠르게 읽을 수 있는 무척 유용한 방법이다. 21년 기준 1000대 기업 중에서 매출이 1조가 넘는 기업이 229곳이었다. 조 단위 숫자까지 빠르게 읽을 수 있다면 대한민국 대부분 회사의 숫자를 빠르게 읽을 수 있다. 무엇보다 숫자를

빨리 읽어낼 수 있으면 멋이 난다.

아래 그림을 보고 실습해보자.

우아한형제들의 제12기 2022년 영업수익은 얼마인가?

연 결 포 괄 손 익 계 산 서

제 12 기 2022년 1월 1일부터 2022년 12월 31일까지

제 11 기 2021년 1월 1일부터 2021년 12월 31일까지

주식회사 우아한형제들과 그 종속기업 (단위 : 원)

과 목	주 석	제 12(당)기	제 11(전)기
Ⅰ.영업수익	23	2,947,141,454,795	2,008,766,545,481

답은 쉼표가 4개이므로 조 단위이고, 숫자는 2조 9471억 4145만 4795원으로 빠르게 읽는다.

2부

회계란
무엇인가

아이 노우 회계
회계 덕분에 결정 내렸어!

회계＝money정보

지금 생각해보면 세상 물정 참 몰랐던 부끄러운 이야기를 공개한다.

결혼식을 앞두고 프러포즈를 준비하고 있었다. 프러포즈에서 가장 중요한 다이아몬드 반지를 검색해봤더니 수많은 블로거들이 티파니 1캐럿 다이아몬드 반지를 추천했다. 다행히도 티파니 매장이 신세계백화점에 있었다. 왜 다행이냐고? 내겐 신세계백화점의 모든 상품을 10% 할인받을 수 있는 마법의 '삼성패밀리카드'가 있었기 때문이다. 나는 마법의 카드를 들고 위풍당당하게 신세계백화점 티파니 매장으로 갔다.

"1캐럿짜리 다이아몬드 반지를 보여주세요."

매장 직원은 놀란 표정을 짓더니 나를 VIP룸으로 안내했다. 직원이 1캐럿 다이아몬드 반지를 꺼내려는 순간, 그 옆의 두 배 더 큰 반지가 눈에 들어왔다.

"옆에 있는 걸로 주세요."

"고객님, 이건 2캐럿입니다."

"네, 줘보세요."

마법의 카드가 있었으므로 두렵지 않았다.

'이래서 티파니, 티파니 하는구나!'

골룸이 절대반지를 쳐다보듯 아름다운 반지를 감상했다. 여자친구가 감동받을 걸 생각하니 상상만 해도 즐거웠다. 자신 있게 삼성패밀리카드를 꺼내며 가격을 물었다. 직원은 친절한 미소로 답했다.

"네, 6700만 원입니다."

에드바르 뭉크의 〈절규〉 같은 표정으로 꽁꽁 얼어붙은 내게 매장 직원이 한마디를 던졌다.

"고객님, 프러포즈 반지 가격은 얼마 정도 생각하고 계세요?"

그렇다. 이게 바로 회계다.

흔히 회계라고 하면 숫자가 **빽빽한** 엑셀 시트, 복식부기, 각종 분석지표를 생각한다. 그래서 '회계=끔찍한 것'이라는 공식이 성립된다. 그런데 회계는 결정을 돕는 확실한 정보를 제공해준다. 나 역시 티파니 매장 직원이 회계의 질문을 던졌기에 내 money정보를 통해 재무상태와 현금 흐름을 살펴볼 수 있었다.

'연봉이 3500만 원이고, 적금이 3000만 원 있어. 2캐럿 다이아몬드 반지를 구입한다면 난 18.8개월 동안 먹지도 입지도 않는 노예 생활을 하게 된다. 결혼식은 예식장에서 해야 하므로 1000만 원이 들고, 신혼여행은 유럽으로 배낭여행을 다녀오기로 했으니까 700만 원이 들고. 그럼 남는 금액이 1300만 원이니 프러포즈 반지는 200만 원 정도면 괜찮겠다.'

프러포즈 반지의 예산액을 직원에게 말했더니, 잠시 후 2캐럿 다이아몬드 반지의 20분의 1 정도 되는 1부 다이아몬드 반지를 꺼내 왔다.

"손님이 생각하신 금액에 맞는 반지입니다."

나는 그 반지를 샀고 감동적인 프러포즈를 할 수 있었다.

참고로 내가 가진 마법의 '삼성패밀리카드'는 티파니 같은 임대 매장에서는 할인 혜택을 못 받는다고 한다. 회계 덕분에 확실한 결정을 내릴 순 있었지만 씁쓸했다.

1장

쉽게 말해서 회계란?

회계란

01

회계는 회사의 Money정보다

　나는 회계팀에서 근무하는 내내 '왜 회계가 필요할까?'라는 생각을 단 한 번도 해본 적이 없다. 부끄럽게도 그저 틀리지 않으려고 기계적으로 일했을 뿐이다. 눈앞에 닥친 숫자와의 전쟁을 치르고 있었을 뿐, 전쟁의 목적 따위는 눈에 보이지 않았던 것이다.

　'회계가 왜 필요할까?'라는 생각을 하게 된 것은 회계팀을 떠난 이후였다. 회계 강의를 준비하면서 비로소 회사에 회계가 왜 필요한지, 내가 했던 회계 업무가 왜 중요한지를 깨닫게 됐다. 그리고 그제야 회계의 재미와 즐거움을 발견했다.

　1부에서 우리는 회계의 필요성에 대해서 살펴봤다. 그렇다면 이제 기본부터 시작해보자. '회계란 무엇인가?'

- 회계란 정보 이용자가 합리적인 판단이나 의사 결정을 할 수 있도록 경제적 정보를 식별하고 측정하여 전달하는 과정이다.

- 회계란 기업의 경영활동을 측정하여 기록하고 정리한 후, 그 정보를 분석하여 경영활동에 따른 경영성과와 재무상태를 파악하고 미래를 계획하고자 하는 것이다.
- 회계란 정보 이용자가 합리적 판단과 경제적 의사 결정을 할 수 있도록 기업 실체에 관한 유용한 정보를 측정하여 전달하는 과정이다.

책이나 인터넷에서 흔히 찾아볼 수 있는 회계의 정의다. 어렵고 또 어렵다. 그런데 잘 보면 '정보'란 단어를 공통적으로 언급하고 있다. 무슨 말인지 이해하기는 어렵지만, 회계와 정보는 밀접한 관계임을 추측할 수 있다.

어떤 것에 대해 할머니에게 설명해주지 못한다면, 그것은 충분히 이해한 것이 아니라고 아인슈타인이 말했다. 자, 이제부터 할머니도 이해할 수 있게 회계란 무엇인지 설명해보려고 한다.

우선 한자로 회계를 알아보자.

會計

한자로 회는 모을 회會, 계는 셀 계計다.

회계의 '회'는 회사를 말한다. '회' 자를 보면 위에 '사람人'이 올라가 있다. 즉 회계란 '회사의 사람들이 벌고 쓴 돈을 모아서 기준을 가지고 보는 것'이다. 마치 통장 정리를 하면 입출금 내역과 잔액을 볼 수 있는 것처럼 말이다.

이제 영어로 회계를 알아보자.

Accounting

회계는 영어로 accounting이다. account는 회계어로 '계정(회사가 돈을 벌고 쓴 것을 직관적으로 알려주는 정보 단위)'이다. 이 account 뒤에 'ing'가 붙어 있다. 중학교 때 영어 공부를 조금이라도 했다면 'ing'가 '현재 ~을 하고 있다'는 현재진행의 뜻을 갖고 있다는 것을 알 것이다. 즉 회계란 '계정질을 통해 정보를 만드는 것'이다. 그런데 정보는 누군가에게 보여주기 위해서, 보고하기 위해서 만드는 것이다. 한자의 회계가 나만 보는 회계였다면 영어의 회계는 자본주의를 통해 누군가에게 보고하기 위한 회계로 발전한다.

정리하자면, 회계란 회사에 모인 사람들이 벌고 쓴 돈을 모아서, 기준을 가지고 계정질을 통해 정보를 만드는 것이다. 이렇게 만든 정보는 경영자, 투자자, 정부 등 정보를 이용하는 사람들의 결정을 도와주는 회사의 money정보가 되는 것이다. 즉 숫자로 만드는 회사의 money정보가 바로 회계다. 그런데 누가 money정보를 이용하느냐에 따라 회계의 종류가 달라진다.

회계란

- -

會計

회사에서 돈 나가고 들어온 것을
기준을 가지고 모아본다.

Accounting

계정질로 정보를 만들다.

회계는 결정을 도와주는 기업의 money정보.

02

소개팅으로 보는 회계의 종류

남자들은 소개팅을 주선해주면 세 가지를 묻는다.

첫 번째, 예뻐?

두 번째, 진짜 예뻐?

세 번째, 얼마나 예뻐? 사진 보여줘.

여자들도 역시 세 가지를 묻는다.

첫 번째, 뭐 하는 사람인데?

두 번째, 성격은 어때?

세 번째, 외모는 상관없어. 근데 혹시 사진 있어?

왜 이런 질문을 하는 걸까? 소개팅 상대에 대한 정확한 정보를 얻기 위해서다. 하지만 소개팅 주선자가 주는 정보는 겉으로 보이는 것들에 불과하다. 서로 호감을 갖고 연애를 시작해야 차원이 다른 정보를 얻을 수 있다. 연인이 아니면 절대 알 수 없는 정보들 말이다. 대화가 잘 통하는지, 함께 즐길 수 있는 취미는 있는지, 음식 스타일이 맞는지, 가치관이 비슷한지, 연봉은 얼마인지 등 연인들이 서로 꼭 알아야 할 정보를 확인해야 연애에서 결혼으로 넘어갈 수 있다.

소개팅을 하는 사람과 연애를 하는 사람은 상대방에 대해서 얻는 정보가 각각 다르다. 회계도 마찬가지다. 회계정보를 누가 사용하느냐에 따라 회계가 달라진다.

여기 A라는 회사가 있다. 이 회사에 입사하고 싶은 취업준비생이라면 '급여는 얼마나 줄까?', '이익은 계속 나고 있는 걸까?', '회사 복지는 어떨까?' 이런 것들을 궁금해할 것이다.

이 회사에 투자하고 싶은 투자자라면 '영업이익률이 어떻게 되지?', '우량자산이 많나?'를, 대출을 고려하고 있는 은행이라면 '현금흐름은 건강한가?' 등 각자 다른 정보를 얻고 싶을 것이다. 이들이 얻고 싶어 하는 정보가 바로 '재무회계' 다.

한편, 국세청은 우리 회사가 얼마를 벌었는지 얼마를 썼는지에 따라 세금을 거둬야 하므로 회계정보를 이용한다. 이때 사용하는 회계정보는 '세무회계' 다.

재무회계, 세무회계의 정보를 이용하는 사람들을 어려운 말로 '정보의 외부 이용자'라고 부른다. 이들은 소개팅을 하기 전, 소개

재무회계

세무회계

팅 주선자에게 알고 싶은 내용을 질문하는 사람들이다. 이들은 겉으로 보이는 정보만 얻을 수 있다는 한계를 갖고 있다. 재무회계와 세무회계는 재무제표를 통해 회사의 정보를 제공한다. 재무회계는 기업회계기준을 근거로, 세무회계는 세법을 근거로 돈을 벌고 쓴 것을 계산하는 차이가 있기 때문에 서로의 숫자가 똑같지 않다. 그래서 차이가 나는 부분을 조정하는데, 이것을 회계어로 '세무 조정(재무제표의 당기순이익을 세법의 규정에 따라 과세소득을 산정하는 과정)'이라고 부른다.

외부 이용자가 정보를 이용하므로 이들을 보호하기 위해 강력한 룰이 존재한다. 재무회계는 상법, 자본시장법, 외부감사법이란 룰이 있고, 세무회계는 세법이란 룰이 있다.

다시 연애 이야기로 돌아가자. 소개팅에서 만난 상대와 연애로 발전하면, 연인은 자기들만 알 수 있는 정보들을 공유한다. 이것이 '관리회계'다. 이 정보를 이용하는 사람들은 '정보의 내부 이용자'라고 한다. 내부 이용자가 정보를 이용하므로 재무회계와 세무회계처럼 강력한 룰이 존재하지 않는다. (다만, 주식시장에 상장한 기업이거나 별도 기준 자산총액이 1000억 원 이상인 기업은 내부회계 관리제도가 존재한다.)

회사를 운영하는 경영자라면 '어느 사업 부문 실적이 가장 좋지?', '어떤 상품이 가장 많이 팔리고 있는 거야?', '제조원가를 절감하려면 어떻게 해야 할까?'와 같은 고민들을 하게 된다.

관리회계는 사장을 비롯한 회사 내부 사람들이 이용하고, 경영

관리회계

판단을 내리거나 실적을 올리기 위한 정보를 제공한다. 재무회계는 대부분 투자자나 채권자 등 외부에 회사의 정보를 공개하는 것을 목적으로 하지만, 관리회계는 대외비이므로 절대 유출되면 안 된다. 관리회계정보를 이용하여 주식 매매 등을 통해 부당이익을 취할 수 있고, 경쟁사에 원가정보가 노출되어 경쟁력을 해칠 수 있기 때문이다.

재무회계는 재무제표라는 형식으로 제공한다. 대한민국 모든 회사가 회계기준과 정해진 양식에 따라 재무제표를 작성하기 때문에 회사별로 비교가 가능하다. 하지만 관리회계는 제각각이다. 외부로 발표되는 것이 아니고 경영자와 팀장 등 내부 관리자만 보는 것이므로 회사마다 형식이 다르다. 한마디로 관리회계는 사장 마음대로다. 따라서 사장이 자주 바뀌면 회계팀은 죽을 맛이다. 사장님의 주문에 맞춰 그때그때 관리회계 양식을 만들어야 하니까. 참고로, 대기업의 경우 재무회계는 회계팀에서, 관리회계는 경영관리팀에서 정보를 만든다.

회계의 세 종류

재무회계
회사 외부인 정보 전달용

세무회계
국세청 세금 징수용

관리회계
경영자·임직원 의사 결정용

03

회계와 재무는 다르다

회계인 듯 회계 아닌 회계 같은 녀석이 있다. 바로 '재무'다. 많은 사람들이 회계와 재무를 헷갈려 한다. 회계어로 얘기하려면, 둘의 차이를 정확히 알아야 한다.

회계와 재무의 관계는 마치 〈맛있는 녀석들〉에 출연했던 유민상과 김준현 같다. 두 사람은 둥글둥글한 얼굴 모양과 푸짐한 몸매가 쏙 닮아서 멀리서 보면 누가 김준현이고 누가 유민상인지 구분이 안 된다. 하지만 김준현은 자신과 유민상을 비교하며 "돼지라고 다 똑같은 돼지가 아니다"라고 말한다. 김준현에 따르면 유민상은 선뚱(선천적 뚱보)이라서 앞이나 뒤나 다 뚱뚱하지만, 자신은 후뚱(후천적 뚱보)이라서 배만 심각하게 나왔을 뿐 뒤에서 보면 라인이 살아 있다는 것이다. 그렇다. 멀리서 보면 똑같아 보이는 이 둘도 가까이서 보면 다르다.

그렇다면 회계와 재무는 뭐가 다를까? 재무는 영어로 'finance'이고, 한자로는 '財務'라고 쓴다. 돈에 관련된 일이란 뜻이다. 회사가 돈을 벌고 쓴 것을 모아 보는 것이 회계라면, 재무는 회사가 돈을 벌 수 있는 일들을 계획하고 실행하는 것이다. 쉽게 말해서 회계는 돈이 얼마나 있는지 세는 것이고, 재무는 그 돈을 굴리거나 빌리는 것이다.

회사는 회계에서 만든 money정보 없이 재무활동을 할 수 없다. 회사가 어떻게 돈을 벌고 있고, 돈이 얼마나 필요하며, 또 얼마큼의 돈이 남아도는지 회계정보 없이는 알 수 없다. 그래서 재무는 회계정보를 통해 은행에서 돈을 빌릴지, 빌린 돈을 갚을지, 투자를 할지를 결정한다.

대기업의 경우는 재무 부서가 따로 있어서 그 아래에 회계, 세무, 자금, 경리, IR 등이 파트별로 구분되어 있다. 중소기업의 경우는 회계팀 또는 경리팀이 회계를 포함하여 세무, 경리, 자금 관리 등의 재무 관련 업무를 다 한다.

이젠 회계와 재무의 차이를 확실히 알았을 것이다. 재무와 회계라는 용어를 혼용해 쓰는 사람이 있다면, 회계어로 정확히 알려줘야 한다. 당신을 지식인으로 보듯 눈빛이 특별해질 것이다.

회계의 반을 끝내는 세 가지

① 증빙

② 계정

③ 회계기준

2장

회계 초보의 첫걸음, 증빙

증빙은 회계의 시작이다

영어를 처음 배울 때를 생각해보자. 실제로 써먹을 수 있는 걸 가장 먼저 배운다.

"Hi!"

"How are you?"

"Where are you from?"

미국 사람을 만나도 자신 있게 사용할 수 있고, 영어의 자신감도 얻을 수 있는 문장들이다. 회계 비전공자인 내가 회계 실력을 빠르게 키울 수 있었던 건 실제 업무를 하면서 회계를 배웠기 때문이다.

회계의 개념도 모르던 내가 맨땅에 헤딩하며 회계를 배워본 결과 회계 실무는 딱 세 가지만 알면 반은 끝난다. 회계 실무의 반을 끝내는 세 가지는 바로 증빙, 계정, 회계기준. 그중 시작은 증빙이다.

지갑을 열어보자. 영수증이 돈보다 많다고 슬퍼하지 말자. 적어도 회계에서는 돈이 아니라 영수증이 주인공이기 때문이다. 증빙은 곧 회계의 시작이다.

직장인에게 커피는 점심보다 더 큰 돈을 선뜻 지불하는 필수 음료다. 커피를 제대로 파는 유명한 카페의 메뉴를 보면 '오늘의 커피'가 있다. 케냐산, 콜롬비아산, 에티오피아산 등 그날그날 다른 원두로 커피를 내려서 판매한다. 그런데 원두가 썩으면 커피는 어떨까? 커피 역시 썩어서 못 마신다. 영수증도 마찬가지다. 영수증이 잘못되거나 없다면 회계정보도 잘못되거나 없다.

즉 회계가 커피라면 영수증은 원두다. 돈을 주고 물건을 사는 거래가 발생했을 때, 이 거래를 증명하는 것이 영수증이다. 거래 현장을 모두 기록으로 남길 수 없기 때문에 영수증으로 거래를 증명하는 것이다. 이 영수증을 회계어로 증빙이라고 부른다. 사건이 터지면 CCTV를 찾듯이 증빙은 거래의 CCTV다.

이제 지갑 속의 영수증을 꺼내어 하나씩 살펴보자. 조그만 증빙 안에 거래를 증명하는 모든 정보가 다 들어 있다. 가게마다 조금씩 다른 증빙을 보는 재미가 쏠쏠하다.

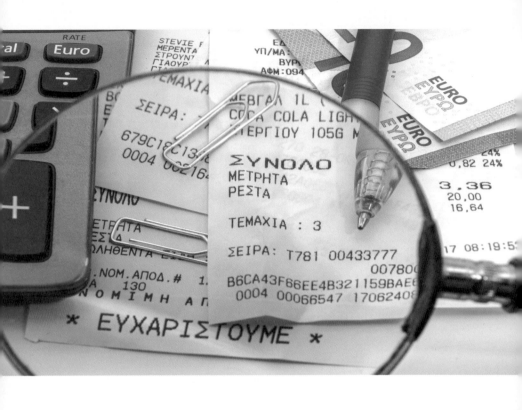

영수증은 증빙

증빙은 회계의 시작이다!
증빙이 잘못되면 회계정보도 잘못된다.

회계팀은 증빙과 계정이 일치하는지,
회계 처리에 맞는지 발본색원하고
수정하는 집단이다.

02

인정받는 증빙은 따로 있다

직장인치고 '증빙'이라는 말을 들어보지 못한 사람은 거의 없을 것이다. 물품을 구입하고, 상품 또는 서비스를 기획해서 품의를 올리면, 최종 결재 부서인 회계팀에서 반드시 증빙에 대해 확인한다.

증빙은 곧 돈이다

회계팀은 증빙에 굉장히 예민하다. 증빙은 거래를 증명하는 한편 세금하고도 밀접한 관련이 있기 때문이다. 회계에서 인정받지 못하는 증빙이거나 아예 증빙이 없다면 회사는 세금을 더 내야 한다. 열심히 매출을 올려도 적합한 증빙이 없으면 세금으로 다 토해내야 하는 상황이 발생하는 것이다. 세금을 적게 내는 최고의 방법은 회계에서 인정받는 증빙, 즉 적격증빙을 받고 정확하게 회계 처리하는 것이다.

여기서 '적격'이란 "재벌 2세 역할엔 그 배우가 적격이야!"라고 말할 때의 바로 그 적격이다. '적격증빙'에 해당하는 영수증은 영화제목을 떠올리자. 영화 하면 신세계지! 신용카드 매출전표의 '신', 세금계산서의 '세', 계산서의 '계', 지출증빙용 현금영수증의 '지'다. 실물을 하나씩 보면서 적격증빙에 대해 알아보자.

신용카드 매출전표

신용카드 매출전표는 개인카드나 법인카드로 긁을 때 발생하는 증빙이다. 카드 매출전표를 자세히 들여다보면 공급자(판매자)와 공

급가액(금액), 부가가치세액(부가세) 등 거래를 증명하는 필요 내용이 다 적혀 있다. 개인사업자는 개인카드로 결제한 증빙도 해당하지만, 법인의 경우는 법인카드로 결제한 증빙만 적격증빙이다.

세금계산서

세금계산서는 국세청에 사업자등록을 한 개인이나 법인 사업자가 발급하는 증빙이다. 세금계산서 속 표에서 보면 왼편의 '공급자'는 물건을 판 사람이고, 가운데의 '공급받는 자'는 물건을 산 사람이다. 세금계산서에 꼭 들어가야 할 내용을 필요 기재 사항이라고 하는데, 다음과 같다.

공급자의 사업자등록번호, 상호, 성명
공급받는 자의 사업자등록번호, 상호, 성명
공급가액과 부가가치세액
작성 연월일

위의 네 가지 내용이 모두 정확하게 적혀 있어야 자격을 갖춘 세금계산서다.

월말 마감일이 되면 각 팀의 회계 실무자들은 서랍 속에 고이 모셔놨던 세금계산서를 꺼내서 정신없이 전표(또는 지출내역서)를 입력하고 회계팀으로 넘긴다. 회계팀이 전표를 심사할 때 가장 중요하게 보는 것이 세금계산서의 필요 기재 사항이다. 제대로 된 증빙을 갖추고 있지 않으면 증빙불비 가산세(3만 원 초과 시 거래를 증명하는 적격증빙이 없을 경우 받지 않은 금액의 2%를 가산세로 내야 함)라는 이름으로 세금을 더 내야 하기 때문이다.

간혹 세금계산서의 내용을 제대로 확인하지 않은 채 회계팀에 전표를 제출하는 경우가 있는데, 이런 경우 담당자는 회계팀에 소환돼서 눈물 콧물 쏙 빠지게 혼날 수 있다. '완료된 세금계산서도 다시 보자!'

특히 세금계산서 대신 거래명세서(누구와 언제 무엇을 거래했는지 세

부적으로 보여주는 명세서)를 제출하는 경우가 있는데, 거래명세서는 적격증빙이 아니다. 단지 어떤 물품을 거래했는지 보여주는 표일 뿐이다.

계산서

계산서도 세금계산서와 상당히 닮았다. 이름에서 세금이 빠지고, 필요 기재 사항에도 세액이 빠져 있다. 계산서는 부가가치세가 면제되는 사업을 하는 면세사업자만 발급할 수 있는 증빙이기 때문이다. 따라서 공급가액만 있고 부가가치세는 없다. 농축산물, 수산물, 도서, 신문, 교육 등이 국가에서 보호하고 장려하는 면세사업들이다.

[별지 제 28호 서식]
문서번호 : A120202303000305894   승인번호 : 20230314100004911e273b6

전자계산서

책번호		권		호
일련번호				

공급자	등록번호			종번호			공급받는자	등록번호			종번호		
	상 호 (법인명)			성 명				상 호 (법인명)			성 명		
	주 소							주 소					
	업 태			종 목				업 태			종 목		

작성일		공급가액												수정사유	
년	월	일	공란수	전	백	십	억	천	백	십	만	천	백	십	일	
2023	03	31	8							8	4	2	0		

비고   은행:우리은행, 계좌번호:05309475918369

년-월-일	품목	규격	수량	단가	공급가액	비고
2023-03-31	식자재 외				8,420	

합계 금액	현 금	수 표	어 음	외상미수금	이 금액을 [청구] 함
8,420 원	0 원	0 원	0 원	0 원	

지출증빙용 현금영수증

현금영수증도 적격증빙이다. 그런데 주의할 점이 있다. 현금영수증에는 소득공제용과 지출증빙용이 있는데, 소득공제 현금영수증은 개인 또는 근로자에게만 해당하는 영수증이다. 따라서 적격증빙에 해당하지 않는다. 회사의 비용으로 인정받기 위해서는 지출증빙용 현금영수증을 받아야 한다. 개인적으로 현금영수증을 발급받을 때는 휴대전화번호나 주민등록번호를 입력한다. 마찬가지로 회사의 비용으로 영수증을 발급받기 위해서는 사업자등록번호가 필요하다. 사업자등록번호를 매번 부르는 게 불편하다면, 국세청 현금영수증 사이트에서 사업자 지출증빙용 현금영수증카드를 발급받아 사용하면 된다.

회사에서 인정받는 적격증빙 =신세계지

① 신용카드 매출전표

② 세금계산서

③ 계산서

④ 지출증빙용 현금영수증

03
회계팀이 간이영수증을
혐오하는 이유

영업사원이 고객의 결혼식, 장례식에 참석하여 현금으로 축의금 또는 조의금을 냈을 때 회사에서는 어떻게 경비를 처리할까? 축의금, 조의금 증빙은 따로 없다. 결혼식장에 가서 봉투를 건네며 "영수증 좀 주세요" 또는 "카드로 결제할게요"라고 할 수는 없지 않은가.

결혼식, 장례식 등에 지출하는 경조사비의 경우, 건당 20만 원 이하까지는 적격증빙이 없어도 청첩장이나 부고장만 있으면 경비로 처리될 수 있다. '김영란법' 시행으로 인해 공무원, 사립학교 교직원, 언론인 등은 직무와 관련 있는 사람들로부터 받을 수 있는 건 식사 3만 원, 선물 5만 원, 경조사비 10만 원이 한도다.

문제는 간이영수증으로 처리하려는 경우다. 마감일만 되면 회사 주변 식당에서 간이영수증이 동난다. 회사 경비 처리를 위해 간이영수증을 모으는 것이다. 그러나 경조사비를 식당에서 얻은 간이영수증으로 처리하는 것은 허위 증빙이다.

세법상 3만 원 이하의 금액은 간이영수증으로 처리가 가능하다. 그런데 간이영수증은 적격증빙이 아니다. 여기서 문제가 발생한다. 간이영수증을 사용하는 이유는 회사 규모에 따라 접대비(회사 업무와 관련해서 접대, 교제, 사례 등 거래처에서 지출하는 비용) 한도가 정해져 있기 때문이다. 접대비 한도를 넘어가면 비용 처리가 안 되므로 세금을 더 내야 한다. 그래서 접대비 한도 초과를 피하기 위해 판촉비나 회의비 같은 일반 비용을 쓴 것처럼 감추려는 것이다. 영업팀 입장에서는 많은 고객들의 경조사비를 건마다 회계팀에 서류로 제출하는 것도 귀찮을 것이다. 간이영수증 처리가 된다고 하더라도 일반 비용은 건당 3만 원 이하, 접대비는 건당 1만 원 이하만 가능하다.

그래서 회계팀은 간이영수증을 혐오한다. 전표 마감 날이면 회계팀은 간이영수증이 붙어 있는 전표만 따로 모아서 담당자에게 하나하나 내용을 묻는다. 영업사원은 영업에 장애를 준다고 불평하고, 회계팀은 적격증빙 처리에 애를 먹기 때문에 서로 불신하게 된다. 세금과는 상관없이 회사의 규정에 따라 경조사비를 처리할 수 있도록 해야 한다.

현금을 쓰지 않고 법인카드만 쓰게 되면 비용과 증빙 문제가 해결이 될까? 예전에는 법인카드로 쓴 경우는 대부분 비용으로 처리가 됐는데, 요즘은 그렇지 않다. 청문회의 단골 소재가 '법인카드

유용'이다. 법인카드는 이름 그대로 회사와 관련된 일에만 사용하는 카드이므로 사적인 용도로 사용해서는 안 된다. 회사에서 임원과의 계약을 해지하기로 결정하면 가장 먼저 뒤져보는 것이 법인카드 내역이라고 한다. 업무 시간 외에 사용한 내역 또는 부적절한 내역을 확보해 계약상 우위를 차지하기 위해서다.

증빙은 사소해 보인다. 그렇지만 회계에선 무엇보다 중요하다. 회계팀이 증빙에 예민하고 까다롭게 구는 이유는 증빙은 원두이기 때문이다. 원두가 썩으면 커피도 썩는다. 증빙이 잘못되면 회계에서 만든 정보도 잘못된다. 회계팀에서 하는 일의 6할은 회사와 관련된 거래인지, 증빙과 거래 계정이 일치하는지, 기준에 맞게 회계 처리를 했는지를 꼼꼼히 확인하고, 잘못된 것은 담당자를 불러서 다시는 실수하지 않도록 교육하는 것이다. 그래야 회계정보가 정확해질 수 있으니까.

모두가 당당하게 회사 경비를 처리하기 위해서는 원칙이 있어야 한다. 모든 팀에서 간이영수증 사용을 제한하고 법인카드로만 사용하게 한다든가, 증빙별로 금액 한도를 정해주고 경비 내역을 투명하게 공개해야 한다. 이렇게 엄격한 시스템을 구축해야 모두가 당당하게 회사 경비를 처리할 수 있고 정확한 회계정보가 만들어질 수 있다. 비록 회계팀을 사랑하진 못하더라도 악당으로 여기진 말자.

04
증빙에도 공소시효가 있다

모든 사건에는 공소시효가 있다. 대한민국의 경우 살인 등을 제외하고 대부분의 범죄에 있다. 따라서 공소시효 만료 전에 용의자를 잡아야 한다. 범인으로 추정되는 용의자가 있어도 범행 사실을 입증하기 위해서는 범행 도구 등 증거를 찾아서 용의자와의 관련성을 증명해야 한다. 단순한 정황 증거로는 부족하다.

회계에서 증빙은 거래를 증명하는 CCTV다

현재 대부분의 형사 사건에서 CCTV는 결정적 증거 역할을 한다. 회계에서는 증빙이 거래를 증명하는 CCTV다. 증빙이 없으면 거래를 인정할 수 없다.

증빙은 보관 연도 5년이라는 공소시효가 있어 5년이 지나야 폐기 처분이 가능하다. 그래서 증빙이 없는데 비용 처리를 해서 세금

신고를 하면, 비용 자체를 인정받지 못해서 세금을 더 내야 하는 경우가 생긴다. 예전에는 세무 조사나 비자금 수색을 받는 경우 증빙을 파쇄한다거나 전표에서 떼어 버렸다고 하는데 요즘엔 증빙을 없애는 것이 거의 불가능하다. 대부분의 거래는 전자세금계산서를 사용하고, 비용은 법인카드를 사용하기에 전산 기록이 남아 있기 때문이다. 현금을 사용했을 경우엔 추적이 불가능할 것 같지만, 통장 내역 또는 입금 내역을 추적해 연관성을 입증할 수 있다.

내가 회계팀에 근무하던 2009년에 회사가 세무 조사를 받은 적이 있다. 세무 조사를 받기 위해서는 증빙을 모두 제출해야 한다. 대기업의 5년 치 전표철을 생각해보라. 얼마나 많겠는가! 회사에서는 큰 공간을 빌렸고, 회계팀에서는 그 공간을 전표철로 가득 채웠다.

간단한 작업이라고 후배들을 불러서 아르바이트시켰다가 모두 녹초가 되어 미안했던 적이 있다. 세무 조사를 받게 되면 조사원들은 거래와 증빙을 대조하면서 납세 의무를 잘 지키고 있는지, 접대비 등에서 탈세 같은 위법이 있는지를 본다.

힘겨운 세무 조사이긴 하지만 끝나면 좋은 점도 있다. 5년 치 전표철을 없애버릴 수 있다는 것이다. 그래서 간부급이 아니라면 은근히 세무 조사를 기다린다. 전표철을 정리하는 사람들은 대부분 막내들이니까.

다음 중 회계에서 인정해주는 증빙은 무엇일까?

① 번은 무료 음료 쿠폰을 사용한 영수증이다. 회계팀 소환 대상이다.

② 번은 무엇을 거래했는지 내용(커피 음료)이 적혀 있다. 또 영수증 상단에 거래 상대의 사업자번호와 대표 이름이 적혀 있다. 그리고 지불 금액도 적혀 있다. 그런데 ②번에는 함정이 있다. 그렇다.

② 번은 소득공제용 현금영수증이다. 회계팀에서는 결코 이 증빙을 경비 처리해주지 않는다. 경비로 처리하면 회사 경비로 개인의 소득공제를 해주는 셈이다. 그렇게 되면 직장인은 연말정산으로 소득공제를 받기 때문에 이중공제에 해당한다. 정답은 ③번 지출증빙용 현금영수증이다.

3장

회계 초보의
두 번째 걸음, 계정

계정을 제압하는 자가
재무제표를 제압한다!

01

회계는 계정질이 시작이요 끝이다

이와사키 나쓰미가 쓴《만약 고교야구 여자 매니저가 피터 드러커를 읽는다면》이라는 책이 있다. 공립 고등학교의 약소 야구부의 매니저를 맡게 된 가와시마 미나미가 피터 드러커의 조직관리론 명저인《매니지먼트》의 내용을 야구부에 적용하여 일본 전국 고교야구 대회 '고시엔'에 출전하는 과정을 담고 있다. 이 책은 일본에서 선풍적인 인기를 끌면서 만화, 애니메이션, 영화로 만들어지기도 했다. 나 역시 이 책을 참 재미있게 읽었다. 고교야구부 매니저가 전설적인 경영 그루 피터 드러커의 눈으로 야구팀에 개혁의 바람을 일으키는 과정이 흥미진진했고, 어렵게만 느껴졌던《매니지먼트》를 쉽고 재미있게 이해할 수 있었다.

우리도 고교야구팀의 매니저가 되었다고 생각해보자. 농구는

강하지만 야구는 민망하게 약한 북산고교 야구팀 매니저! 당신은 매니저로서 팀 경비 내역을 잘 정리해서 제출해야 한다. 그래야 학교에서 운영비를 지원받을 수 있다. 6월 경비 내역을 정리해보자.

북산고교 야구팀 6월 경비 내역

사용 내역	금액
식사비	120만 원
유니폼 구입비	150만 원
시합 교통비	20만 원
야구용품 교체	30만 원
합계	320만 원

위의 표에서 사용 내역을 보면 6월에 야구팀이 어디에 경비를 썼는지 단박에 알 수 있다. 이 사용 내역이 바로 회계어로 '계정'이다. 0.5초 만에 돈을 어디에 썼는지 알 수 있는 것이 계정의 능력이다.

앞에서 회계는 '계정account+ing', 즉 계정질이라고 했다. 거래가 발생하면 그에 맞는 계정을 사용해서 재무제표를 정리해야 한다. 계정에는 자산, 부채, 자본, 수익, 비용이 있는데, 거래가 발생하면 거래는 성격에 맞는 계정으로 모인다. 그리고 이름표를 받는데, 이게 계정과목이다. 예를 들어 임직원들에게 월급이나 보너스를 지급하면 '급료 및 수당'이라는 계정과목을 사용한다. 회사 업무를 위해 대중교통을 이용하거나 출장을 간다면 '여비교통비'라는 계정과목을 사용한다. 또 직원들에게 명절 선물을 지급하거나 회식을 한다면 '복리후생비' 계정과목을 사용한다. 이렇게 이름만 들어도 어떤 거래인지 알 수 있게 해주는 거래 이름표가 바로 계정과목이다.

계정별 특징과 계정과목을 모르면 회계정보의 TOP이라 불리는 재무제표를 절대 읽을 수 없다. 재무제표에는 오직 계정과목과 금액만 적혀 있기 때문이다. 그래서 회계는 계정으로 시작해 계정으로 끝나는 계정질이다.

재 무 상 태 표
제 24 기 2022년 12월 31일 현재
제 23 기 2021년 12월 31일 현재

네이버 주식회사 **계정과목** **금액** (단위: 원)

구 분	주석	제 24 (당) 기말		제 23 (전) 기말	
자 산					
I. 유동자산			2,030,745,992,891		1,779,773,191,131
현금및현금성자산	4,6,7	841,798,144,735		964,418,443,986	
단기금융상품	4,6,7	513,311,636,005		205,748,800,000	
당기손익-공정가치 측정 금융자산	4,5,6,7	776,459,606		3,692,735,930	
기타포괄손익-공정가치 측정 금융자산	4,5,6,7	–		24,254,505,540	
매출채권및기타채권	4,6,7,11	629,806,460,191		538,909,879,285	
재고자산		664,259,446		1,657,864,895	
기타유동자산	9	44,389,032,908		41,090,961,495	
II. 비유동자산			11,873,096,861,351		11,182,647,374,778
유형자산	10	1,755,777,290,537		1,429,366,401,646	
사용권자산	11	41,433,967,479		27,825,290,362	
무형자산	12	72,452,309,393		52,992,451,444	
투자부동산	13	302,769,701,062		–	
장기금융상품	4,6,7	13,755,872,000		13,755,872,000	
당기손익-공정가치 측정 금융자산	4,5,6,7	1,345,111,602,072		1,619,663,081,922	
기타포괄손익-공정가치 측정 금융자산	4,5,6,7	1,300,968,382,382		2,009,532,628,699	
종속기업, 관계기업 및 공동기업 투자	14	6,679,788,696,290		5,872,911,000,309	
이연법인세자산	27	273,949,308,018		95,528,039,196	
매출채권및기타채권	4,6,7,11	60,402,336,507		27,689,808,738	
기타비유동자산	9	26,687,395,611		33,382,800,462	
자 산 총 계			13,903,842,854,242		12,962,420,565,909

02
계정을 지배하는 자, 재무제표를 지배하리니

회계팀 신입사원 시절, 팀장님에 이어 두 번째 서열인 과장님이 내게 종이 뭉치를 휙 던지면서 말했다.

"가만히 있지 말고 이거나 외워!"

회사 계정 리스트였다. A4 100장 정도에 무려 2448개나 되는 계정들이 빼곡히 적혀 있었다. 이 많은 걸 외우라니!

'숫자와 이상한 이름들이 적혀 있는 이것들을 어떻게 외우지?' 고민하다 일머리를 휘리릭 돌렸다. 전산으로 회계 시스템을 이용하면, 계정과목별로 금액과 함께 리스트를 엑셀 파일로 추출할 수 있다. 선배님께 부탁드려서 계정 리스트를 엑셀 파일로 추출하여 받은 뒤, 금액 기준으로 내림차순을 했다. 가장 큰 금액이 가장 중요한 계정과목일 테니까.

그런데 금액이 아예 없는 계정과목이 수두룩했다. 2448개의 계정과목이 있지만 그중에 20% 정도만 사용하고 있었던 것이다. 과장님이 계정을 전부 외우라는 터무니없는 지시를 내린 이유는 '그만큼 계정이 중요하니 계정을 공부하라'는 것으로 내 나름의 해석을 했다.

계정은 필수 단어다. 계정을 모르면 회계어를 할 수 없고, 회사와 대화를 나눌 수도 없다.

강의를 들으러 오는 사람들 중 사업하는 분들에게 회계가 왜 어려운지 물으면 대부분 이렇게 답한다.

"세무사에게 회계 실무 대행을 맡기고 있는데 보내주는 재무제표를 읽을 수 없어요. 이걸 이용하면 사업 운영에 큰 힘이 될 것 같은데 용어가 너무 어려워요."

여기서 말하는 용어가 바로 계정이다. 계정을 모르니 재무제표도 읽을 수 없는 것이다. '신이 내린 만화'라고 불리는 이노우에 다케히코의 《슬램덩크》에서 주장 채치수는 풋내기 강백호에게 리바운드를 가르치며 이렇게 말한다.

"리바운드를 지배하는 자가 경기를 지배한다."

나는 이렇게 말하고 싶다.

"계정을 지배하는 자가 재무제표를 지배한다!"

계정 공부는 재무제표와 함께 하는 것이 가장 좋다. 자세한 계정 내용은 뒤에서 재무제표를 보면서 설명하겠다.

이제는 계정이니?

계정은 회계정보에서 가장 기본이 되는 단위이자
거래 집합소라면, 계정과목은 거래 이름.
필수 계정과목과 관심 계정과목은 외우고 들여다보자!

03

우리 팀의 필수계정은?

　계정 리스트를 쭉 훑어보면 각자의 팀에서 가장 중요한 계정을 발견할 수 있다. 잘 모르겠다면 회계 시스템에서 계정 리스트 파일을 출력하거나 회계팀에 요청해서 파일로 받아보자. 대부분 엑셀 파일로 출력되니 금액 기준으로 내림차순을 해보라. 그중 금액이 가장 높은 것이 각 팀의 가장 중요한 계정이다.

　홍보팀에 근무한다면, 가장 중요한 계정은 각종 매체별로 광고를 집행하는 광고선전비 계정일 것이다. 총무팀에 근무한다면, 자산 계정과 회사 운영비 관련 계정(비품비, 임차료, 보험료 등)일 것이다.

　다음 페이지의 표를 참고해서 우리 팀 필수계정이 무엇인지 관심을 가져보자. 그리고 전년도와 전월을 비교해서 증감 내역 등을 정리해보자.

　실무 팁을 준다면, 회사에서 ERP Enterprise Resource Planning(전사적 자

팀별 필수계정

팀명	필수계정
영업	매출채권 대손상각비 판매촉진비
생산	원재료비 급료 및 수당 감가상각비 수도광열료
연구개발	경상개발비 무형자산-개발비
인사	급료 및 수당 교육훈련비 복리후생비
총무	유형자산 비품비 임차료 보험료
홍보	광고선전비
물류	재고자산 운반비 매입채무

원 관리) 같은 회계 시스템을 운영한다면, 메뉴에 전표 리스트 또는 계정 리스트가 있는지 살펴보자. 자신의 부서코드를 입력하고 1년 치 전표 리스트 또는 계정 리스트를 조회하면 엑셀 자료로 다운받을 수 있다. 그럼 계정명과 건별 금액이 나오는데 이 두 가지를 조건으로 피벗테이블을 돌려보자. (엑셀에서 피벗테이블을 돌리는 방법은 인터넷에 많이 나와 있다.) 그럼 계정별 합산 금액을 계산할 수 있다. 금액 기준으로 내림차순을 하면 큰 금액 순으로 정렬이 된다. 우리 부서에서 중요한 계정은 금액이 큰 계정이라고 보면 된다.

팀을 잘 알고 싶다면 계정 리스트를 관리해야 한다. 팀의 계정을 파악하면 팀이 어떻게 운영되고 있는지 팀장의 눈으로 볼 수 있다. 또 팀에서 회계 실무를 맡고 있다면 팀에서 자주 사용하는 계정과 해당하는 증빙을 미리 파악하여 다음 페이지와 같이 엑셀로 정리하자. 그리고 눈에 띄는 곳에 붙여놓으면 비용 처리할 때마다 회계팀에 문의하지 않아도 되고, 비용 처리 시점도 놓치지 않게 된다. 팀원이 물어보면 바로 대답할 수 있고 도와줄 수 있다. 팀의 계정 리스트를 파악하고 관리하는 것은 팀의 독보적 존재가 되는 최고의 방법이다.

계정과목 신설 및 관리

계정과목을 신설하는 경우는 대부분 신규 사업을 시작할 때다. 계정과목을 새로 만들기 위해서는 해당 부서에서 계정과목 신설

영업3팀 주 계정 리스트

계정	언제 사용?	비고
판관비 통신비–휴대전화 사용료	영업사원 휴대전화 사용료 비용 처리	25일 지로 납부
유형자산–비유동자산 공구기구 비품	직원 PC 구입 시 자산 처리	세금계산서 증빙 받기 월 15일, 30일 대금 지급
판관비 행사비–사내행사비	사내체육대회 또는 가족행사 시 비용 처리	행사 후 정산 적격증빙 받기
판관비 지급수수료–금융수수료	잔액증명서, 송금수수료, 자동이체 수수료 비용 처리	송금증으로 증빙 처리
영업외비용 기부금–지정기부금	월드비전 등 공익기관 등에 기부 시 비용 처리	기부금 영수증 받기

요청 품의를 작성해 부서장 결재 승인을 얻고 회계팀에 제출해야
한다. 그러면 회계팀 실무 담당자가 신설 계정이 적정한지 검토하
고 팀장의 승인을 받은 후 시스템에 계정을 신설한다. 계정과목 코
드와 내용에 맞는 계정과목명을 작성하여 계정과목을 신설하면
해당 부서 담당자에게 통보한다.

계정 관리자는 계정과목 신설뿐 아니라 미사용 계정도 관리해
야 한다. 더 이상 사용하지 않는 계정과목에 대해서는 다시는 사용

하지 못하도록 잠금을 해야 한다. 전혀 사용하지 않는 계정과목은 삭제해야 한다. 혹시라도 전표 입력 시 미사용 계정과목을 사용하게 되면 잘못된 회계정보를 만들 수 있기 때문이다.

평소와 같이 결산을 마무리하는 어느 날이었다. 재무제표를 출력해보니 이상한 계정과목이 눈에 띄었다. 한시가 급한데 '듣보잡' 계정이라니…. 계정 리스트를 뽑아서 해당 전표와 전표를 입력한 담당자를 찾아내 연락해보니 실수로 입력했다고 했다. 계정 권한이 열려 있었기 때문에 발생한 실수였다. 바로 시스템에서 해당 계정을 잠그고 올바른 계정과목에 입력하도록 한 후 수정한 재무제표를 출력해 팀장님께 보고했다.

이순신이 명량대첩에서 승리할 수 있었던 것은 12척의 판옥선을 잘 관리했기 때문이다. 수천 개의 계정과목이 있다 해도 관리되지 않는다면 재무제표를 신뢰할 수 없다는 사실을 잊지 말자.

4장

회계 초보의 마지막 걸음,
회계기준

요리에 레시피가 있다면,
회계에는 회계정보를 만드는
회계기준이 있다.

01

회계기준이란?

나는 맥도날드를 좋아한다. 특히 상하이버거를 좋아해서 맥도날드에 가면 항상 먹는다. 그런데 내가 살고 있는 동네의 맥도날드 상하이버거와 이 글을 읽고 있는 독자가 살고 있는 동네의 맥도날드 상하이버거 맛은 다를까? 같을까? 같다. 다르다고 생각하는 독자의 미각은 요리왕 백종원 대표 수준일 것이다. 맥도날드 어느 매장을 가도 내가 원하는 상하이버거를 먹을 수 있다. 이유는 맥도날드 모든 매장이 동일한 레시피를 사용하기 때문이다. 회계에도 이런 레시피가 있다. 재무제표를 만드는 레시피.

프랜차이즈 햄버거 가게에는 어느 지역의 지점이든 상관없이 똑같은 햄버거 맛을 보게 해주는 레시피가 있듯, 회계에는 세계 어느 회사에서든 통용되는 회계기준(기업이 준수해야 할 회계 지침. 회계정보를 만들기 위한 가이드라인)이 있다.

앞서 회계는 회계정보를 만들기 위한 것이라고 했다. 세상에 존재하는 수많은 회사들이 제멋대로 회계정보를 만든다면 어떻게 될까? "엄마는 요리할 때 손맛이 최고라고 했어"라며 멋대로 재무제표를 만들면 이것이 분식회계(기업이 사기 대출, 주가 조작, 주식 상장 등의 목적으로 재무상태나 실적을 거짓으로 부풀리는 행위. 반대로 기업의 가치를 고의로 떨어뜨리는 것은 역분식회계) 아닌가? 이렇게 멋대로 만든 재무제표를 어떻게 신뢰할 수 있겠는가. 또 각자 요리법으로 재무제표를 만들었으니 유망 기업에 주식투자를 하고 싶어도 회사별 재무제표를 비교할 수 없으므로 객관적인 기준으로 투자할 회사를 선택할 수 없을 것이다. 회계기준은 모든 회사들이 똑같은 방법으로 회계정보를 만들도록 관리하는 역할을 한다. 재무제표에 장난쳤나 안 쳤나 감시하는 회계감사도 회계기준을 가지고 한다.

내 사수는 결산을 마칠 때마다 키보드 엔터 버튼을 내리치며 습관처럼 이렇게 말했다.

"숫자는 거짓말하지 않아!"

그리고 자리에서 일어나 담배를 피우러 나가곤 했다.

맞다. 숫자는 절대 거짓말하지 않는다. 그런데 사람은 때때로 거짓말을 하고 싶어 한다. 그러나 만약 숫자를 가지고 장난을 치게 되면 정보를 이용하는 사람은 위험에 빠질 수도 있다. 회계정보를 이용하는 사람들을 보호하는 최소한의 안전장치가 바로 회계기준이다.

《회계학 콘서트》의 저자 하야시 아츠무는 회계기준을 '교통규칙'이라고 말한다. 교통규칙은 모두가 합의한 규칙이므로 불편하다고 마음대로 바꾸면 사회에 큰 혼란이 온다. 그런데도 교통규칙을 안 지키는 사람들이 꼭 있다. 무단횡단을 하는 사람, 음주운전을 하는 사람, 정지선을 지키지 않는 사람. 그러다 큰 사고가 난다. 회계기준도 마찬가지다. 모든 회사가 투명하고 정확한 회계정보를 만들려고 노력해야 하지만 기준을 지키지 않고 맘대로 만드는 회사들이 있다. 회사의 이익, 성과를 부풀려 주식 가치를 높이거나 대출을 많이 받기 위해 악마의 유혹에 빠지는 것이다. 회계정보를 만드는 사람이나 회계정보를 이용하는 사람은 회계기준에 대해 잘 알아야 한다. 악마의 함정에 빠지지 않기 위해서 말이다.

회계어를 배우는 사람 역시 회계정보는 어떤 기준으로, 어떤 방법으로 만들어지는지를 잘 알아야 한다. 단, 회계기준을 너무 깊게 들어가면 회계에 질릴 수 있으므로 이 책에서는 우리나라 회사들이 사용하는 회계기준의 특징과 성격을 간략하게 알아보고 넘어가도록 하겠다.

회계기준은 교통규칙과 같다!

숫자의 투명성을 증명할 기준.
회계정보를 이용하는 사람을 보호하는 기준.
회사별 비교를 위한 기준.

02

공포의 IFRS 군단

2009년 도입이 발표되어 우리나라 회계 담당자들을 두려움에 떨게 했던 공포의 IFRS는 International Financial Reporting Standards의 약자로, '국제회계기준'을 의미한다. 난 처음에 '이프르스'라고 읽었다가 선배한테 놀림을 받기도 했다. 철자대로 '아이에프알에스'라고 읽으면 된다. 한국이 채택한 회계기준은 앞에다 'K'를 붙여서 'K-IFRS'(한국 채택 국제회계기준)라고 한다.

우리나라에서는 그간 일반기업회계기준, 즉 GAAP Generally Accepted Accounting Principles를 따르다가 2011년에 IFRS를 전면 도입하였다.

회계기준이 바뀐다는 것은 맥도날드의 빅맥을 만드는 레시피가 버거킹의 와퍼 레시피로 바뀌는 것과 같은 어마어마한 일이다. 금융감독원에서 공시(기업의 재무 상황, 영업성과, 사업 내용 등을 투자자 등에게 알리는 제도) 정보를 게시하는 시스템 교육을 받았었지만, 시스템의 매뉴얼 설명만 들었지 IFRS가 뭔지 알려주지 않았다. IFRS로 왜 바뀌는지, IFRS를 도입하면 뭐가 좋은 건지 알려주는 책은 단 한 권뿐이었고, 회계사들 중에도 제대로 아는 사람이 극히 드물었다. 낯설고 정체 모를 IFRS 때문에 회계 분야에서 일하는 사람들은 벌벌 떤 것이다.

다음 가상 인터뷰를 통해 IFRS의 정체에 대해 알아보도록 하자.

회계가중계 가상 인터뷰 with IFRS

안녕하세요, 여러분의 궁금증을 풀어주는 리포터 김생면입니다. 요즘 화제의 회계기준 IFRS의 정체를 알기 위해 제가 IFRS를 만나 이야기를 들어보겠습니다.

리포터 안녕하세요.

IFRS 네, 반갑습니다.

리포터 본인 소개 부탁드립니다.

IFRS 네, 제 이름은 IFRS입니다. 저는 1973년 유럽에서 태어났어요. 제 몸에는 영국, 독일, 프랑스 등 9개 나라의 피가 흐르고 있지요. 사는 곳은 영국 런던, IASC(국제회계기준위원회)가 제 부모님이에요. 원래 제 이름은 IAS였는데, 제가 세계 각국의 회계기준을 통일하길 바라시면서 이름이 IFRS가 되었답니다. 원래 유럽연합EU에 공통적인 회계기준이 필요해서 만들어졌습니다.

리포터 와, 복잡하네요. 그런데 이름만 봐도 글로벌한 느낌이 확 풍깁니다. 제가 알아보니 전 세계적으로 유명하시더군요. 수많은 나라가 당신을 탐낸다고 들었습니다. 우리나라가 당신을 스카우트한 이유가 뭘까요? 당신의 능력이 궁금하네요.

IFRS 대한민국은 2010년부터 본격적으로 저와 일했습니다. 현재 저와 함께 일하는 나라는 2023년 기준 140여 개가 넘습니다. 그리고 많은 나라가 저와 함께 일할 예정이고요. 좀 재수 없어 보일지 모르지만 저와 함께 일하는 것이 글로벌 트렌드입니다.

저는 기업의 회계투명성(회계기준에 따라 정확하게 회계 처리하고 재무제표를 작성한 것)을 높여줍니다. 많은 나라가 함께 일하기 때문에 나라 간의 재무제표를 편리하게 비교할 수 있지요. 예를 들어 대한민국 기업이 제가 회계기준으로 일하는 유럽에서 투자를 받거나 주식 상장 또는 대출을 받을 때 재무제표 하나면 되는 겁니다. 예전에 GAAP가 회계기준이었을 때는 IFRS로 재무제표를 다시 만들어서 제출해야 하는 수고로움이 있었죠. 글로벌하게 활동하는 기업의 경우 그동안 이중으로 회계 처리를 하면서 재무제표를 작성하던 비용을 줄일 수 있는 겁니다.

리포터 대한민국에서 잘 지내시고 있습니까?

IFRS 정착한 지 14년이 지났지만 여전히 부족한 부분이 많습니다. 하지만 대한민국의 IFRS 도입 후 회계정보의 투명성에 긍정적인 영향을 끼치고 있습니다. IFRS 재단 회의에서 모범 사례로 꼽힐 만큼 국제사회에서도 K-IFRS에 대한 인식이 많이 좋아졌습니다. 부

족한 것은 계속 관심을 갖고 대한민국에 맞게 보완하면 된다고 생
각합니다.

리포터 네, 앞으로 건투를 빌겠습니다.

IFRS 기대해주세요. 감사합니다.

일반기업회계기준 vs K-IFRS

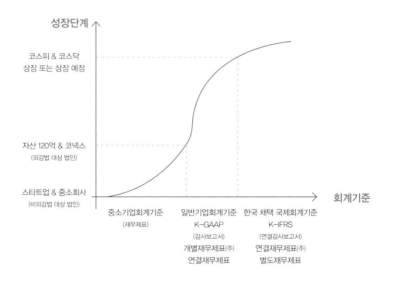

현재 우리나라에서 적용하는 회계기준은 세 가지로, 회사의 성

장단계에 따라 적용한다. 첫 번째, 중소기업회계기준은 외부 감사 대상에 포함되지 않은 모든 중소법인에 적용된다. 중소기업회계 기준을 적용해 재무제표를 만들지만 회계감사를 안 받으므로 신 뢰도가 떨어진다. 두 번째, 일반기업회계기준은 '주식회사의 외부 감사에 관한 법률'에서 정한 외부 감사 대상 법인과 코넥스^{KONEX} 상장법인에 적용된다. 이 정도 규모가 되면 직원수도 많아지고, 투 자도 받았고, 은행 대출도 있고 등등 보호해야 할 것들이 많으므로 회계감사를 받는다. 1년에 한 번 일반기업회계기준으로 만든 재 무제표를 회계감사 받은 감사보고서를 누구나 볼 수 있도록 전자 공시시스템에 공시한다. 세 번째, 이름만 들어도 글로벌한 K-IFRS 는 상장기업과 상장기업의 자회사들, 상장을 준비하는 기업에 적 용된다. 분기마다 K-IFRS로 연결재무제표를 만들어서 회계감사를 받은 연결감사보고서를 전자공시시스템에 공시한다. K-IFRS는 회 사 규모에 상관없이 적용할 수 있다.

일반기업회계기준 : K-IFRS=객관식 : 논술식

시험문제를 예로 들어보자. 일반기업회계기준과 K-IFRS는 출제 방식이 다르다. 일반기업회계기준이 객관식 시험이라면, K-IFRS는 논술식 시험과 같다.

일반기업회계기준 출제 방식(객관식)

철수와 영희는 공놀이를 하다가 ○○을(를) 했다.

다음 중 ○○에 들어갈 말은?

1) 놀이 2) 음주 3) 싸움 4) 친구

K-IFRS 출제 방식(논술식)

철수와 영희는 공놀이를 하다가 싸움을 했다.

그 이유를 400자 이상 서술하시오.

이처럼 일반기업회계기준은 형식에 맞춰 주어진 답을 골라 쓰면 되지만, K-IFRS는 답을 서술하는 형식이다. 수험생 입장이라면 어떤 시험이 더 어려울까? 당연히 K-IFRS다. 마찬가지로 회계 실무자 입장에서도 K-IFRS는 굉장히 부담이 된다. K-IFRS는 재무제표의 내용을 보완해서 설명해주는 주석의 양이 일반기업회계기준의 2~3배나 된다. 또 이해하기도 어렵다. 회계기준을 이해하지 못하면 재무제표를 제대로 읽지도 못한다.

그냥 '우리 것이 좋은 것이야' 하고 K-GAAP를 쓰면 좋겠지만, 문제는 글로벌 회계기준과는 다르다는 것이다. 우리나라 회사의 회계정보를 우리나라 사람만 보는 것이 아니라 전 세계 사람들이 보게 된 글로벌 시대에 다른 회계기준은 기업 활동에 제약을 준다. 우리나라 기업들의 재무제표에 대한 불신을 이유로 해외시장에서 '코리아 디스카운트'를 당하기도 했다. 예를 들어 우리나라 기업의 주식 가치가 1000원이라면 해외시장에서는 700원으로 가치를 깎은 것이다. 물론 여기에는 우리나라 기업들의 분식회계와 비자금 등 불투명한 회계정보에 대한 불신이 한몫했다.

전 세계의 금융시장에 누구나 투자를 할 수 있도록 장벽이 사라진 지 오래다. 이젠 우리 것만 고집했다간 전 세계를 대상으로 기업 활동을 할 수가 없다. 자금 조달을 할 수 없거나 불이익을 받게 된다. 이러한 이유들로 IFRS 채택 행진에 동참하게 된 것이다. 상장기업과 상장기업의 자회사들, 상장을 준비하는 기업은 의무적으로 IFRS를 기준으로 재무제표를 작성하고 공시해야 한다. 대한민국은 IFRS 도입 후 회계투명성을 끌어올렸을까? 아니다. 스위스 국제경영개발연구원 IMD 회계투명성 평가가 있다. 세계 경제에서 핵심적인 역할을 하는 63개 국가를 대상으로 평가를 하는데 2017년에 대한민국이 63등이였다. 꼴찌란 말이다. 2021년엔 37등까지 올랐는데 2022년엔 53등이다. 몇몇 은행과 상장사의 엄청난 규모의 횡령사건 때문이 아닐까?

일반기업회계기준과 K-IFRS의 가장 큰 차이는 뭘까?

첫째, 자산과 부채를 평가하는 방법이 다르다. 일반기업회계기준의 경우 취득원가(자산을 구입할 때 드는 모든 비용. 예를 들어 차량을 구입한다면 차량 가격, 탁송비, 차량 취득 관련 부대 비용 등을 모두 합친 금액) 중심으로 평가한다. 자산을 구입할 당시 금액은 평생 이 제품의 가치가 된다. K-IFRS의 경우는 공정가치(시장가를 의미. 차량을 구입한 금액이 2000만 원인데 시간이 지나 중고시장에서 1500만 원에 거래되고 있다면 이 차량의 공정가치는 1500만 원)로도 평가할 수 있다. 시장 상황에 따라 자산의 가치가 달라질 수 있는 것이다.

둘째, 작성하는 주재무제표가 다르다. 일반기업회계기준은 개별재무제표가, K-IFRS는 지배기업(모회사)과 종속기업(자회사)을 하나의 기업으로 가정하고 작성하는 연결재무제표가 주재무제표다.

셋째, K-IFRS는 주석이 훨씬 중요하다. 주석은 재무제표에서 보이는 숫자, 계정, 알아야 할 내용들을 정리해서 보여주는 재무제표 설명서다. 일반기업회계기준은 정해진 형식에 맞춰 재무제표를 작성하므로 시키는 대로 하면 문제가 없다. 그러나 K-IFRS는 재무제표 정보를 설명하는 주석을 상세하게 작성해야 한다. 게다가 주석의 난이도도 높다.

회계기준은 글로벌 권력이다

우리나라가 그동안 사용해왔던 GAAP는 미국식 회계기준이고, 2011년 새롭게 도입한 IFRS는 유럽식 회계기준이라고 보면 쉽다. 2001년 말, 미국에서 대규모 분식회계 사건이 터지면서 전 세계에서 통용되는 회계기준을 만들자는 논의가 시작되었고, 그에 따라 IFRS를 세계에서 일괄 도입하는 방향으로 협의가 진행되었다.

유럽연합은 2005년 상장기업의 IFRS 도입 의무화를 진행했으나 아직까지 미국에서는 본격적인 도입이 되지 않고 있다. 2000년대 초 엔론 분식회계 사태, 2008년 리먼브라더스 사태와 금융위기까지 겪으면서 미국은 회계투명성 부분에서 많은 공격을 받았다. 그래서 IFRS를 도입하려고 했으나 이후 유럽에서 브렉시트와 금융위기가 터졌고, 미국 경제가 좋아지면서 오히려 반대로 IFRS 위원회에 미국의 회계기준을 적용해서 수정된 기준을 작성할 것을 요구하고 있다. 또한 일본에서는 일본판 IFRS인 JMIS를 만들었다.

회계기준 채택은 결국 열강들의 파워 싸움과도 같다. 회계기준이란 곧 회계정보를 만드는 것이고 회계정보는 투자 결정에 도움을 준다. 회계정보를 똑같은 방법으로 만들도록 도와주는 회계기준은 곧 글로벌 권력이다. 법이 곧 힘이니 회계기준을 움직이는 나라가 힘을 갖게 되는 것 아닐까?

공포의 K-IFRS

International Financial Reporting Standards!
전 세계 주요국이 채택하고 있는 글로벌하고
스탠다드한 기준.
GAAP는 국제 기준이 아니라는 이유로
코리아 디스카운트!

3부

회계의 기본

우리 회사 견적 뽑고 싶다면,
재무상태표와 손익계산서를 보라!

회사의 과거와 현재 활동상황을 통해 미래예측 가능!

재무상태표 = 건강검진표　　　손익계산표 = 성적표

1장

알고 싶다,
재무제표

재무제표는
회사의 money역사를 보여주는
회사 money실록이다!

01
재무제표는 회사의 money를
보여주는 회사 money실록

조선 시대를 알고 싶다면 《조선왕조실록》을 읽으면 된다. 조선 태조부터 철종까지 25대 472년간의 역사가 연월일 순서로 기록되어 있다. 왕이 무슨 말을 했고, 어떤 행동을 했는지, 신하와 어떻게 국사를 논의하고 처리했는지는 물론 나라에 떠도는 이야기까지 자세히 적혀 있다.

회계에서는 '재무제표'가 회사의 money역사를 보여주는 '회사 money실록'이다. 재무제표는 회사가 태어났을 때부터 현재까지 돈을 벌고 쓴 수많은 거래를 정리해서 재무상태 및 영업성과를 볼 수 있도록 정리한 'money보고서'다. 역사가 에드워드 핼릿 카 Edward Hallett Carr는 "역사는 과거와 현재의 끊임없는 대화"라고 했다. 마찬가지로 재무제표를 읽으면, 회사의 과거와 현재의 끊임없는 money대화를 엿볼 수 있다. 회사의 내부인이 아니더라도 그 회사의 정보를 얻을 수 있는 것이다.

　내가 했던 회계 강의 수강생 중에 이직을 준비하는 분이 있었
다. 현재 다니는 회사의 미래가 안 보여서 안정적인 회사로 옮길
계획이라고 했다. 지금 다니고 있는 회사의 재무제표를 본 적이 있
는지 물어보니 없다고 했다. 그래서 그 회사의 재무제표를 보여줬
다. 결과는? 그는 퇴사할 생각을 싹 다 버리고, 감사한 마음으로 열
심히 회사에 다니고 있다. 그가 다니는 회사는 재무상태와 영업성
과가 아주 훌륭한 자동차 제조 회사였다. 재무제표를 읽어본 적이
없으니 회사의 현재와 미래를 모르고 감정적으로 퇴사하려고 했
던 것이다. 참고로 이 회사는 현대자동차였는데, 2022년 기준으로
현대자동차그룹은 세계 판매량 순위 3위에 오를 정도로 더욱 성장
했다.

　취업을 준비하거나 이직을 준비한다면 재무제표를 읽을 수 있
어야 한다. 재무제표 읽기는 내가 들어갈 회사, 옮길 회사가 똥인
지 된장인지 알 수 있는 가장 효과적인 방법이기 때문이다.

02
재무제표의 약속

재무제표를 작성할 때, 회사들이 꼭 지켜야 할 두 가지가 있다.

첫째, 회사 정보를 알고자 하는 사람들이 누구나 볼 수 있도록 회계기준에서 정해진 양식으로 작성해야 한다. 돈을 얼마나 벌었고 얼마나 썼는지 매월 결산을 하지만, 재무제표 보고서는 1년 단위로 작성한다. 상장사는 1년에 4번 분기마다 재무제표를 공시한다.

둘째, 계속기업의 가정으로 재무제표를 작성해야 한다. 계속기업의 가정이란 '우리 회사는 앞으로도 살아남을 것이다'라는 가정이다. 즉 회사가 경영활동을 청산하거나 중단할 의도, 계속할 수 없는 상황을 제외하고는 망하지 않는다는 가정이다. 회사가 10년 후, 20년 후에도 살아남을지는 사실 누구도 알 수 없다. 그래서 가정을 하고 재무제표를 작성하는 것이다.

'우리 회사는 올해 망할 것이다'라고 가정하고 재무제표를 작성하면, 정보를 이용할 가치가 없어진다. 아무도 투자하지 않고 투자자들은 투자금을 모두 회수할 것이다. 부실기업으로서 살아남기 어렵다고 판단되면 외부 감사인은 회계감사의 결과를 기재한 감사보고서에 '계속기업에 대한 불확실성'이라고 명시한다. 굉장히 어려운 말처럼 보이지만 쉽게 표현해 "이 회사는 죽을 수 있으니 마음의 준비를 하세요"라고 말하는 것이다. 금융감독원 2021년 사업연도 감사보고서 분석 결과, 계속기업에 대한 불확실성이 제시된 기업은 상장폐지 위험에 처할 확률이 불확실성이 제시되지 않은 기업보다 6배 높다. 정말 조심해야 한다. 아래 감사보고서를 참고해보자.

다음은 감사 의견에 영향이 없지만 감사보고서 이용자의 합리적인 의사 결정에 참고가 되는 사항입니다.

(1) 계속기업에 대한 불확실성

재무제표에 대한 주석 28에서 설명하고 있는 바와 같이 당기 재무제표는 회사가 계속기업으로서 존속할 것이라는 가정을 전제로 작성되었으므로 회사의 자산과 부채가 정상적인 사업활동 과정을 통하여 회수되거나 상환될 수 있다는 가정하에 회계처리되었습니다. 그러나 재무제표에 대한 주석 28에서 설명되어 있는 바와 같이 회사는 당기말 현재 유동부채가 유동자산을 283,919백만 원 초과하고 누적 결손으로 인한 당기말 미처리 결손금이 111,000백만 원입니다. 이러한 상황은 회사의 계속기업으로서의 존속 능력에 유의적 의문을 제기하고 있습니다. 따라서 회사의 계속기업으로서의 존속 여부는 동 주석에서 설명하고 있는 회사의 안정적인 영업이익 달성을 위한 재무 및 경영 개선 계획의 성패에 따라 결정되므로 중요한 불확실성이 존재할 수 있습니다. 만일 이러한 회사의 계획에 차질이 있는 경우에는 계속기업으로서의 존속이 어려우므로 회사의 자산과 부채를 정상적인 사업활동 과정을 통하여 장부 가액으로 회수하거나 상환하지 못할 수도 있습니다. 이와 같이 중요한 불확실성의 최종 결과로 계속기업 가정이 타당하지 않을 경우에 발생될 수도 있는 자산과 부채의 금액 및 분류 표시와 관련 손익 항목에 대한 수정 사항은 당기 재무제표에 반영되어 있지 않습니다.

03

재무제표의 종류

재무제표는 하나가 아니다. 그 어렵다는 재무제표가 하나가 아니라고 절망할 필요는 없다. 목적에 따라 필요한 재무제표를 확인하면 된다. 재무제표는 재무상태표, 손익계산서, 자본변동표, 현금흐름표, 주석 이렇게 다섯 가지 종류가 있다.

재무상태표 Statement of Financial Position, SFP

재무상태표는 현재 회사의 자산, 부채, 자본을 통해 기업의 건강상태를 보여 주는 건강검진표다. 기업의 재무상태표만 봐도 기업이 망할지 안 망할지 바로 확인 가능하다. 그래서 기업은 재무상태 관리에 신경을 많이 써야 한다. 재무상태표가 재무제표 중 가장 먼저 나오는 이유도 바로 여기에 있다. 회계기준이 IFRS로 바뀌기 전에는 '대차대조표 Balance Sheet, BS'라고 불렸다. 여전히 실무 현장에서는 대차대조표라는 용어를 많이 사용한다.

손익계산서 Income Statement, IS

손익계산서는 1년 동안 회사가 얼마나 벌고 썼는지, 세금은 얼마나 냈는지 등을 통해 영업성과를 보여주는 기업의 성적표다. 주식시장에서는 기업이 돈을 벌었는지 까먹었는지에 따라 주가가 출렁인다. IFRS를 적용하면 포괄적인 이익 정보를 표시하는 '포괄손익계산서'로, 일반 기업 회계기준을 적용하면 '손익계산서'로 나타낸다. IFRS에서는 손익계산서와 포괄손익계산서 두 가지를 모두 작성해야 하므로 상장사라면 필수다. 손익계산서와 포괄손익계산서 둘의 차이는 4부의 '이것이 손익계산서다'에서 설명하겠다. 손익계산서는 'Profit and Loss Statement'라고도 한다.

자본변동표 Statement of Changes in Equity, SCE

자본변동표는 1년 동안 회사의 재무상태 중 자본이 변화한 이유를 보여준다. 회사의 자본의 주인은 주주다. 주주는 자기가 투자한 자본이 어떻게 변화하는지 궁금하다. 펀드에 투자해봤다면 자산운용내역서를 받아본 적이 있을 것이다. 투자한 금액이 이익이 나서 늘어나고 있는지 손해가 나서 줄어들고 있는지 알 수 있다. 자본변동표를 보면 자본이 이익 때문에 증가했거나 감소했는지, 주식을 새로 발행 또는 자기주식을 취득하거나 처분하는 자본 거래 때문에 변동했는지, 배당을 해서 그런지 등을 알 수 있다.

현금흐름표 Statement of Cash Flow, SCF

현금흐름표는 1년 동안 회사에 현금이 얼마 들어오고 나갔는지를 3개의 통장으로 보여준다. 3개의 통장은 기업의 영업활동, 투자활동, 재무활동을 보여 주는 통장이다. 회계에서는 "이익은 오피니언opinion이고 현금은 팩트fact"라는 말이 있다. 장부에 적혀 있는 이익이 그대로 통장에 현금으로 오는지 보려면 현금흐름표를 봐야한다. 현금흐름표를 보면 기업의 실태를 바로 파악할 수 있고 손익계산서의 이익과 비교해서 이익의 질을 평가할 수 있다.

주석 Footnotes

주석은 재무제표를 이해할 때 필요한 정보를 추가로 제공한다. 재무제표는 숫자와 계정으로만 작성되기 때문에 처음 보는 사람은 이해하기 어려울 수 있다. 그래서 구체적인 설명이 담긴 주석을 별책 부록으로 제공한다. 단, 주석은 구체적이기는 하지만 이해하기가 어렵다. IFRS는 주석의 구체성을 중요시하는 회계기준이기 때문에 주석을 어떻게 읽고 이해하느냐가 매우 중요하다. 주석을 보지 않고 재무제표만 보는 건 붕어빵 껍질만 먹고 팥은 안 먹겠다는 것과 같다. 반드시 주석을 기반으로 재무제표 숫자를 확인하며 봐야 한다.

재무제표 중에서는 재무상태표와 손익계산서가 가장 중요하다. 회사에서 중요한 경영 판단을 내리는 정기 이사회를 준비할 때면 재무상태표와 손익계산서로 자료를 만들곤 한다. 두 재무제표만 있으면 경영 판단을 내릴 수 있는 것이다.

꼭 임직원이 아니더라도 재무상태표와 손익계산서는 도움이 된다. 두 가지 재무제표를 통해 자신이 다니는 회사의 현재와 미래를 그려볼 수 있는 것이다. 그러나 강의 현장에서 수강생들에게 "자기 회사 재무제표를 보신 분 있나요?"라고 물어보면 10명 중 겨우 1~2명이 손을 들까 말까 한다. 회계어를 배운다면 우리 회사 재무제표부터 살펴봐야 한다. 재무제표는 회사가 태어나서 지금까지 쌓아온 역사다. 숫자와 계정으로 기록된 과거와 현재의 역사를 읽지 못한다면, 회사의 미래도 절대 읽을 수 없다.

재무제표 기본 폼 체크

재무제표 기본 폼을 확인하자. 재무제표 가장 위에는 재무제표 이름이 적혀 있다. 아래에는 날짜가 써 있는데 제54기, 제53기는 회사의 나이라고 생각하자. 재무상태표는 시점 기준(12월 31일 현재), 재무상태표를 제외한 다른 재무제표는 모두 기간 기준(1월 1일부터 12월 31일까지)으로 표시한다.

왼쪽 상단에는 회사 이름이, 오른쪽 상단에는 숫자 단위가 적혀 있다.

단위는 재무제표에서 굉장히 중요하다. 재무제표를 읽을 때 단위를 고려해서 금액을 읽기 때문이다. 예를 들어 원 단위를 실수로 1000원 단위라고 표시했을 경우 자산의 가치가 1000배 뛰는 기적

		연결재무상태표		1. 재무제표 이름

1. 재무제표 이름 — 연결재무상태표

제 54 기 : 2022년 12월 31일 현재 **2. 날짜**(시점 또는 기간)
제 53 기 : 2021년 12월 31일 현재

3. 회사 이름

삼성전자주식회사와 그 종속기업

4. 단위

(단위 : 백만원)

과 목	주 석	제 54 (당) 기		제 53 (전) 기	
자 산					
I . 유 동 자 산			218,470,581		218,163,185
1. 현금및현금성자산	4, 28	49,680,710		39,031,415	
2. 단기금융상품	4, 28	65,102,886		81,708,986	
3. 단기상각후원가금융자산	4, 28	414,610		3,369,034	
4. 단기당기손익-공정가치금융자산	4, 6, 28	29,080		40,757	
5. 매출채권	4, 5, 7, 28	35,721,563		40,713,415	
6. 미수금	4, 7, 28	6,149,209		4,497,257	
7. 선급비용		2,867,823		2,336,252	
8. 재고자산	8	52,187,866		41,384,404	
9. 기타유동자산	4, 28	6,316,834		5,081,665	
II . 비 유 동 자 산			229,953,926		208,457,973
1. 기타포괄손익-공정가치금융자산	4, 6, 28	11,397,012		13,965,839	
2. 당기손익-공정가치금융자산	4, 6, 28	1,405,468		1,525,344	
3. 관계기업 및 공동기업 투자	9	10,893,869		8,932,251	
4. 유형자산	10	168,045,388		149,928,539	
5. 무형자산	11	20,217,754		20,236,244	
6. 순확정급여자산	14	5,851,972		2,809,590	
7. 이연법인세자산	25	5,101,318		4,261,214	
8. 기타비유동자산	4, 7, 28	7,041,145		6,798,952	
자 산 총 계			448,424,507		426,621,158

5. 계정과목   6. 주석   7. 금액(왼쪽 당기, 오른쪽 전기)

의 역사가 일어난다. 투자자들에겐 '할렐루야!'지만 잘못된 정보로 큰 문제가 발생할 수 있다.

선배한테 들은 실제 이야기다. 주주총회를 앞두고 영업보고서를 인쇄했는데, 주주총회 전날 오후 늦게야 단위가 잘못 표시된 걸 발견했단다. 원 단위여야 하는데 1000원 단위로 표시된 것이다. 수

백 권의 영업보고서에 재무제표 단위 수정 스티커를 붙이느냐고 모든 직원이 밤샘 야근을 했다는 눈물겨운 이야기였다.

전자공시시스템에 올리는 공시 자료는 더 말할 것도 없다. 단위 표시를 잘못해서 정정 공시를 해야 하는 끔찍한 사태가 발생할 수 있으니 처음부터 꼼꼼하게 단위를 살펴봐야 한다.

표의 가장 왼쪽부터 계정과목, 주석번호, 금액 순으로 적혀 있다. 금액의 경우 왼쪽이 최신(당기), 오른쪽이 과거(전기) 순이다.

손익계산서의 경우 1분기, 반기, 3분기를 보면 분기 반기 숫자를 3개월, 누적이 또 나뉘어 있다. 1분기의 경우 3개월은 1월~3월이고 누적은 1~3월, 반기의 경우 3개월은 4~6월이고 누적은 1~6월,

분 기 연 결 손 익 계 산 서

제 54 기 분기: 2022년 1월 1일부터 2022년 9월 30일까지

제 53 기 분기: 2021년 1월 1일부터 2021년 9월 30일까지

삼성전자주식회사와 그 종속기업 (단위 : 백만원)

과 목	주석	제 54 (당) 분 기				제 53 (전) 분 기			
		3개월		누적		3개월		누적	
Ⅰ.매 출 액	26		76,781,680		231,766,785		73,979,187		203,039,275
Ⅱ.매 출 원 가	18		48,072,237		141,414,042		42,898,871		121,464,787
Ⅲ.매 출 총 이 익			28,709,443		90,352,743		31,080,316		81,574,488
판매비와관리비	18, 19	17,857,398		51,282,244		15,262,785		43,807,344	
Ⅳ.영 업 이 익	26		10,852,045		39,070,499		15,817,531		37,767,144
기 타 수 익	20	316,184		1,480,348		425,152		1,465,562	
기 타 비 용	20	283,534		1,337,037		322,794		1,523,930	
지 분 법 이 익	6	312,846		804,552		265,746		600,752	
금 융 수 익	21	6,758,972		15,633,046		2,660,880		6,686,661	
금 융 비 용	21	6,101,555		14,265,852		2,490,646		6,007,245	
Ⅴ.법인세비용차감전순이익			11,854,958		41,385,556		16,355,869		38,988,944
법 인 세 비 용	22	2,465,760		9,572,925		4,062,538		9,919,442	
Ⅵ.분 기 순 이 익			9,389,198		31,812,631		12,293,331		29,069,502
지배기업 소유주지분		9,143,900		31,227,509		12,057,207		28,600,669	
비지배지분		245,298		585,122		236,124		468,833	
Ⅶ.주 당 이 익	23								
기본주당이익(단위 : 원)			1,346		4,597		1,776		4,211
희석주당이익(단위 : 원)			1,346		4,597		1,776		4,211

3분기의 경우 3개월은 7~9월이고 누적은 1~9월이다. 앞 페이지의 삼성전자 분기연결손익계산서를 보자. 54기 3분기와 53기 3분기를 비교해서 보여주는 데, 3개월은 7~9월 누적치를 말하고, 누적은 1~9월 누적치를 말한다.

재무상태표=건강검진표

아내가 병원 검진센터에서 근무하는 관계로, 내 뱃살은 아내의 걱정거리가 되기 일쑤다. 지금 이대로 건강검진을 받으면 어떤 결과가 나올지 무서운 나는 항상 이렇게 대답하고 도망쳐버린다.

"여보, 건강검진 언제 받을 거야?"

"응. 살 빼고 받을게."

건강검진이 현재 내 몸의 건강상태를 보여주는 중요한 검사이듯, 회계에서 재무상태표는 회사의 건강상태를 보여주는 역할을 한다.

재무상태표를 보면 회사가 살이 많은지 적은지, 나쁜 콜레스테롤 수치가 높은지 낮은지를 알 수 있다. 따라서 재무상태표는 재무제표 중 가장 중요하다. 그런데 재무상태표 활용법을 모르는 사람들이 정말 많다. 재무상태표만 공부해도 돈을 빌려줄지 말지 10초면 알 수 있고, 1분이면 망할 기업인지 안 망할 기업인지 알 수 있다. 또 현재 어디에 투자하고 있고, 지금까지 사업을 잘해온 탄탄한 기업인지 망해가는 기업인지 알 수 있다. 이런데도 재무상태표를 공부 안 한다고?

재무상태표는 현재를 기준으로 한다

6개월 전에 아무리 건강했어도 지금 건강하지 않다면 아무 소용없다. 현재 건강해야 건강한 것이다. 그래서 재무상태표는 '현재'를 기준으로 작성한다. 실제 재무상태표의 상단에는 '○○년 ○○월 ○○일 현재'라는 시점을 볼 수 있다. 그리고 현재 재무상태

재 무 상 태 표
제 54 기 : 2022년 12월 31일 현재
제 53 기 : 2021년 12월 31일 현재

삼성전자주식회사 (단위 : 백만원)

과 목	주석	제 54 (당) 기		제 53 (전) 기	
자 산					
Ⅰ. 유 동 자 산			59,062,658		73,553,416
1. 현금및현금성자산	4, 28	3,921,593		3,918,872	
2. 단기금융상품	4, 28	137		15,000,576	
3. 매출채권	4, 5, 7, 28	20,503,223		33,088,247	
4. 미수금	4, 7, 28	2,925,006		1,832,488	
5. 선급비용		1,047,900		817,689	
6. 재고자산	8	27,990,007		15,973,053	
7. 기타유동자산	4, 28	2,674,792		2,922,491	
Ⅱ. 비 유 동 자 산			201,021,092		177,558,768
1. 기타포괄손익-공정가치금융자산	4, 6, 28	1,364,325		1,662,532	
2. 당기손익-공정가치금융자산	4, 6, 28	283		2,135	
3. 종속기업, 관계기업 및 공동기업 투자	9	57,397,249		56,225,599	
4. 유형자산	10	123,266,986		103,667,025	
5. 무형자산	11	8,561,424		8,657,456	
6. 순확정급여자산	14	4,410,223		2,324,291	
7. 이연법인세자산	25	2,142,512		1,211,100	
8. 기타비유동자산	4, 7, 28	3,878,090		3,808,630	
자 산 총 계			260,083,750		251,112,184

와 전년 말 기준 재무상태를 비교 나열해서 보여준다. 비교를 통해 전년 말보다 회사가 얼마나 건강해졌는지 확인할 수 있는 것이다.

재무상태표의 비교 상대는 언제나 전년도 말 재무상태다. 1분기 말 재무상태든 3분기 말 재무상태든, 비교 상대는 전년도 말 재무상태다. '기'라는 것은 회사의 나이라고 생각하자고 했는데 앞 페이지의 삼성전자 재무상태표를 살펴보자. 54기와 53기를 비교해서 보여주고 있다. 54기라면 회사의 나이가 54살이라는 거다. 즉 53살 때와 54살 때 삼성전자의 건강을 비교해서 보여준다.

손익계산서는 성적표다

손익계산서는 회사의 성적을 보여주는 성적표다. 손익계산서를 보면 회사가 어떤 성적을 냈는지 알 수 있다. 돈을 잘 벌었는지, 또한 돈을 벌기 위해 잘 썼는지를 보면 회사의 성적을 알 수 있다.

손익계산서는 1년을 기준으로 한다

내가 다녔던 초등학교에서는 한 학년을 마무리하는 날에 시상식이 있었다. 성적이 우수한 학생에게 표창장을 수여했는데, 한 해 동안 꾸준히 우수한 성적을 낸 학생에게만 수상의 영광이 돌아갔다. 1학기 중간고사를 아무리 잘 봤어도 꾸준하지 않으면 표창장을 받을 수 없었다. 1년 동안의 성적이 중요했다.

손익계산서도 마찬가지다. 1년이라는 '기간'을 기준으로 작성한다. 손익계산서의 상단에는 '○○년 ○○월 ○○일부터 ○○년

○○월 ○○일까지'라고 명시되어 있다. 전 분기 또는 전년도 말 성적과 비교할 수 있도록 해당 분기 또는 해당 연도 말 손익계산서와 전 분기 또는 전년도 말 손익계산서를 비교 나열해서 보여준다.

유의할 점은 비교 대상이 재무상태표와는 다르다는 것이다. 예를 들어 1분기 손익계산서의 경우 전년 1분기와 비교한다. 3분기의 경우 전년 3분기와 비교하고, 올해 연말 손익계산서의 경우 전년도 말 손익계산서와 비교한다. 재무제표를 볼 때는 이 점에 유의해야 한다.

손 익 계 산 서
제 54 기 : 2022년 1월 1일부터 2022년 12월 31일까지
제 53 기 : 2021년 1월 1일부터 2021년 12월 31일까지

삼성전자주식회사 (단위 : 백만원)

과 목	주석	제 54 (당) 기		제 53 (전) 기	
Ⅰ. 매 출 액	29		211,867,483		199,744,705
Ⅱ. 매 출 원 가	21		152,589,393		135,823,433
Ⅲ. 매 출 총 이 익			59,278,090		63,921,272
판매비와관리비	21, 22	33,958,761		31,928,110	
Ⅳ. 영 업 이 익	29		25,319,329		31,993,162
기 타 수 익	23	4,576,378		7,359,004	
기 타 비 용	23	296,344		745,978	
금 융 수 익	24	9,734,299		3,796,979	
금 융 비 용	24	9,641,742		3,698,675	
Ⅴ. 법인세비용차감전순이익			29,691,920		38,704,492
법 인 세 비 용	25	4,273,142		7,733,538	
Ⅵ. 당 기 순 이 익			25,418,778		30,970,954
Ⅶ. 주 당 이 익	26				
기본주당이익(단위 : 원)			3,742		4,559
희석주당이익(단위 : 원)			3,742		4,559

06

재무제표, 어디에서 보나고?

재무제표를 읽겠다고 결심한 당신! 그런데 어디서 재무제표를 구할 수 있을지 몰라 당황할 수 있다. 걱정하지 마라. 재무제표는 누가 와서 먹는지 모르는 '깊은 산속 옹달샘'에 있는 것이 아니다. 재무제표가 있는 곳을 찾아보자.

전자공시시스템(dart.fss.or.kr)

회계어를 구사하기 위해 수시로 들어가야 할 사이트가 바로 금융감독원 전자공시시스템이다. 흔히 다트DART라고 부른다. 전자공시시스템은 경영자를 만나거나 경영에 직접적으로 참여하지 못하는 투자자들에게 공시 의무가 있는 모든 회사의 정보를 제공하기 위해서 만들어졌다. 투자자를 보호하기 위해 법적으로 의무화된 제도이므로 국가기관인 금융감독원이 관리한다.

포털 사이트의 검색창에 '전자공시시스템'을 치거나 주소창에 dart.fss.or.kr를 입력하면 전자공시스템에 접속할 수 있다. 대한 민국을 대표하는 모든 회사의 회계정보를 이곳에서 볼 수 있다. 모 바일 애플리케이션으로도 이용 가능하고, 무엇보다 좋은 것은 모 든 정보가 무료다. 금융감독원 전자공시시스템은 회계정보의 마 르지 않는 샘물이다.

전자공시시스템에서 재무제표 확인하는 방법

상장사의 경우

① 재무제표를 보고 싶은 회사의 이름을 '회사명'에 입력하 고, 특정 기간의 재무제표라면 '기간'을 설정해준다.

② '정기 공시'를 체크하고 검색을 누른다.

③ 목록이 나오면 최근 보고서 순으로 나온다.

④ 1년 치를 보고 싶다면 사업보고서를 클릭하고, 분기별로

보고 싶다면 원하는 분기 보고서를 클릭한다.

⑤ 왼쪽 목차를 보면 '3. 재무에 관한 사항'에서 재무제표를 볼 수 있다.

⑥ 상장사의 경우 재무제표를 보는 방법이 또 있다. 화면 위 첨부를 누르면 감사보고서에서 별도재무제표를, 연결감사보고서에서 연결재무제표를 볼 수 있다.

비상장사의 경우

① 재무제표를 보고 싶은 회사의 이름을 '회사명'에 입력하고, 특정 기간의 재무제표라면 '기간'을 설정해준다.

② 외부감사 관련을 체크하고 검색을 누른다.(정기 공시에 체크되어 있으면 재무제표를 볼 수 없다.)

③ 목록이 나오면 최근 보고서 순으로 나온다.

④ 비상장사는 사업보고서가 아닌 감사보고서를 제출하므로, 연결재무제표는 연결감사보고서를, 별도재무제표는 감사보고서를 클릭한다.

⑤ 왼쪽 목차에서 '2. 재무제표'를 클릭하면 재무제표를 볼 수 있다.

전자공시시스템에서 모든 회사의 회계정보를 볼 수 있는 건 아니다. 외부 감사를 받는 회사, 즉 외감법(주식회사의 외부 감사에 관한 법률) 적용을 받거나 코스피 또는 코스닥에 상장한 회사의 정보만 공개된다.

다음 중 하나라도 충족되면 반드시 전자공시시스템에 경영 및 회계정보를 공시해야 한다.

① 자산 또는 매출액이 500억 이상인 주식회사

② 주식시장 상장 법인

③ 자산총액 120억 미만, 부채총액 70억 미만, 매출액 100억 미만, 종업원 수 100명 미만 중 3개 이상 주식회사는 공시 제외

만약 위의 조건에 해당하는 회사가 정해진 공시 일자를 어기거나 불성실하게 공시를 하면 금융감독원의 제재를 받게 되는데, 전자공시시스템에서 이를 확인할 수 있다.

불성실하게 공시하는 회사는 뭔가 숨기거나 고치고 싶은 게 있을 가능성이 높기에 불성실한 공시에 따르는 금융감독원의 제재 강도는 무척 높다. 해당 회사의 주식 매매 거래를 정지하거나 관리 종목으로 지정하고, 심하면 주권 상장을 폐지할 수도 있다. 그 때문에 금융감독원의 제재를 당하게 되면 회사의 공시 담당자는 자리를 보전하기 어렵다. 그만큼 공시는 회사에서 중요한 실무이므로 회계팀은 전원이 공시 일정을 공유하고, 공시 내용을 함께 확인한다.

전자공시시스템의 검색 조건을 활용하자

검색에 구글과 네이버가 있다면, 전자공시시스템엔 통합 검색

이 있다. 전자공시시스템 메인 화면 좌측에 있는 통합 검색을 활용하면 풍부한 정보를 쉽게 얻을 수 있다. 기업 이름을 입력하면 기업과 관련된 공시 자료가 검색이 된다.

예를 들어 검색 조건을 본문내용으로 하고 '한미약품'으로 검색하면 한미약품을 언급하고 있는 타 회사들의 공시 자료를 모두 볼 수 있다. '한미약품'이 속해 있는 시장의 정보나 경쟁 업체, 제약 트렌드 등의 따끈한 정보를 얻을 수 있다. 또 지역, 주소, 업종, 원자재로도 검색이 가능하다.

회사 사이트 투자정보 메뉴

확인하고 싶은 회사의 홈페이지에 투자정보 메뉴(또는 IR)가 있는지 확인하자. 투자정보에서 회사의 회계정보를 간략하게 볼 수 있다. 전자공시시스템과 연결해서 재무제표를 볼 수 있도록 한 회사도 많다.

회사 사이트 관리는 홍보팀 업무다. 회계정보가 밀리지 않고 최근 자료까지 업데이트돼 있으면 홍보팀이 업무를 잘하고 있구나 생각하면 된다. 그 반대라면 다른 일이 너무 많아서 신경 쓸 겨를이 없는 것이다. 대외적으로 홈페이지 관리는 중요하고 특히 재무제표 업데이트는 더욱 중요하다.

회계팀에 직접 요청

전자공시시스템 또는 회사 홈페이지에서 관련 자료를 찾을 수 없다면 회계팀에 직접 재무제표를 요청하자. 회사에 회계팀이 있다면 직접 작성한 재무제표가 있을 것이다. 만약 회계 사무소가 실무 대행을 하고 있다면, 회계사에게 받은 회계보고서가 있을 것이다. 혹은 투자자를 위해 인쇄된 영업보고서(회사의 영업 상황과 결과를 보고하는 보고서)를 요청할 수도 있다.

영업보고서는 충분하게 인쇄하니 회계팀 창고에 많이 쌓여 있다. 하지만 회계팀에는 본능적으로 재무제표를 잘 공개 안 하려는 DNA가 있으니 커피 한 잔을 사며 부탁하는 게 좋다.

재무제표를 볼 수 있는 타사이트

네이버 증권 네이버 증권에 들어가면 상장사의 재무제표와 다양한 투자지표를 볼 수 있다. 모바일에서는 간편 정보만 제공하니 꼭 PC버전으로 봐야 한다. 나는 개인적으로 접근성이 좋은 네이버 증권을 자주 활용한다. finance.naver.com

KIND 한국거래소에서 관리하는 KIND는 전자공시시스템(금융 감독원 관리)과 매우 비슷하다. 다만 상장사 중심의 공시자료를 볼 수 있다. KIND에서만 볼 수 있는 오리지널 자료가 있는데 바로 시장조치 자료다. 신규 상장 기업 또는 관리종목, 불성 실 공시 등 중요한 내용을 확인할 수 있다. kind.krx.co.kr

컴패니가이드 에프앤가이드에서 제공하는 컴패니가이드는 내가 네이버 증권 다음으로 많이 활용하는 사이트다. comp. fnguide.com

버틀러 재무제표를 숫자로만 볼 수 있다는 편견을 깨주는 사이트다. 재무제표를 비주얼라이징해서 보여주는데 추세를 확인하기에 좋다. www.butler.works

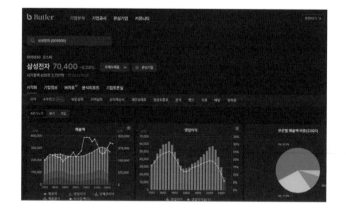

2장

회계등식을
머릿속에 장착하라

알고 싶다 재무제표

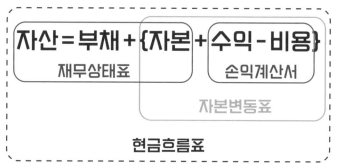

회계등식

$$자산 = 부채 + \{자본 + 수익 - 비용\}$$

재무상태표   손익계산서

자본변동표

현금흐름표

재무제표는 회사의 재무상태 및 영업성과 보고서

재무상태표와 손익계산서만 알면
당신은 이미 회계국 시민!

01

회계등식은 회계의 전부다

'점심시간에 회계를 배우자!'라는 제목으로 회계런치 강의를 진행한 적이 있었다. 수강생 중에 유난히 눈빛이 반짝반짝 빛나고 리액션이 좋은 분이 있었다. 수업을 마치고 기분 좋게 명함을 주고받았는데 '허걱!' 그분은 K대학교 회계학 전공 교수님이었다. 박진영 JYP엔터테인먼트 대표 앞에서 춤을 춘 꼴이다. 회계 강의를 어떻게 쉽게 하는지 궁금해서 공강 시간에 오셨단다.

교수님은 수업 중 회계등식을 강조한 부분에 대해 "맞아요, 맞아. 회계등식이 회계의 전부예요"라고 동의했다.

교수님이 맞장구친 것처럼 회계등식은 중요하다. 그러니 먼저 회계등식을 외우자.

자산=부채+{자본+수익-비용}

다 외웠는가? 우리가 방금 외운 이 단순한 공식은 회사가 계속 살아남을 수 있도록 돕는 성공 공식이다. 회계등식을 머릿속에 장착하면 경영자의 관점에서 사업의 흐름을 읽을 수 있다. 회계등식으로 사업의 결과를 숫자로 보여주는 재무상태표, 손익계산서, 자본변동표, 현금흐름표가 완성되기 때문이다.

회계등식만 머릿속에 장착하면 이 책의 본전은 건진다. 재테크 강의에서도 회계등식을 가르치는데 회계등식이 머릿속에 있는 사람과 없는 사람의 재테크 수익률은 하늘과 땅 차이이다.

그럼 회계등식을 하나씩 뜯어보자.

재무상태표 회계등식

내 돈
주식 상장
돈을 벌어다 줌　　　초기자본금

자산 = 부채 + 자본

남의 돈
외상
대출

회사는 남의 돈과 내 돈으로 구입한 자산으로
돈을 벌어 살아남는 것이 목적

02

재무상태표 회계등식

회사의 재무상태표 회계등식은 '자산=부채+자본'이다. 먼저 등식을 이루는 각각의 요소에 대해 쉽게 알아보자.

자산=부채+자본

자산이란?

돈, 건물, 자동차 등 다양한 답이 떠오를 것이다. 회계에서 자산은 회사에 'Show me the money(돈을 벌어다 줘!)'여야 하는 것이다. 전 세계적으로 흥행에 성공했던 영화 〈제리 맥과이어〉를 봤는가? 잘나가던 스포츠 에이전트 제리가 회사를 박차고 나와 에이전트 사업을 시작한다. 하지만 그동안 자기가 관리해서 큰 성공을 이룬 선수들은 그를 따르지 않고 모두 떠난다. 낙심한 제리는 자신의 유일한 고객이 될 무명의 미식축구 선수 로드에게 마지막 전화를 건다. 그리고 제리가 로드에게 원하는 것이 무엇이냐고 묻자, 로드는 해맑은 표정으로 말한다.

"Show me the money! Jerry! Show! me! the! money!(돈을 벌어다 줘!)"

자산은 회사에 돈을 벌어다 줘야 한다. 돈을 벌지 못하면 쓸모없는 자산이다. 돈을 벌지 못하는 자산이라면 팔아서라도 돈으로 만들어야 한다.

카페를 운영한다고 해보자. 카페에서 자산은 뭘까? 카페 공간? 커피? 아니면 아르바이트생? 여러 이야기가 나오겠지만 카페의 자산은 바로 커피머신이다. 커피를 추출하는 커피머신이 돈을 벌어다 주는 것이다. 또 멋진 매장 인테리어, 신선한 커피원두 등도 자산이다.

핸드드립으로 내린 커피만 파는 카페의 자산은 뭘까? 누가 커피를 만드느냐가 중요하니 바리스타? 슬프지만 회계에서 사람은 자산이 아니라 비용이다. 핸드드립 카페의 자산은 바리스타가 아니라 '바리스타 자격증'이다. 사람들은 바리스타 자격증을 보고 핸드드립 커피 전문점임을 알고 커피를 사 마신다. 자격증이라는 무형자산이 돈을 벌어다 주는 것이다. 이 회사에 돈을 벌어다 주는 자산이 뭘까를 생각하며 재무상태표의 자산을 살펴보자.

부채란?

부채는 남의 돈, 언젠가 갚아야 할 돈이다. 사업을 확장하기 위해 은행에서 대출을 받았다면 이 돈이 부채다. 회사에 필요한 용품을 외상으로 구입하면 부채다. 내야 할 세금을 아직 내지 않았다면 부채다. 회사에서 언젠가 나갈 돈은 모두 부채다. 부채의 존재를 망각한 채 내 돈처럼 흥청망청 써버리면 회사는 반드시 죽는다. 부채를 감당할 수 있는 충분한 현금자산이 있다면 문제가 없겠지만 현금자산이 많은 기업들은 부채도 적다. 부채를 관리해야 회사는 살아남는다. 관리하지 못하면 회사는 부채 때문에 망한다.

자본이란?

자본은 내 돈이다. 사업 초기에 준비한 사업자금에서 부채를 뺀 것이 자본, 즉 순자산이다. 사업을 하면서 남은 이익잉여금 역시 자본이다. 회사를 경영하다가 투자를 받은 것도 자본이다. 투자를 받은 만큼 투자자에게 지분을 나눠주고, 이익이 발생하면 지분만큼 투자자와 이익을 나눈다. 사업 규모를 키우기 위해 주식 상장을 해서 들어오는 주식투자금 역시 자본이다. 자본의 백미는 사업을 잘해서 이익잉여금이 쑥쑥 늘어나는 거다. 사업을 못하고 주주들에게 신주를 발행해서 자금을 조달하는 회사는 결코 버틸 수 없다.

쉽게 외우자! '돈 잘 벌어주는 자산이 많으면 부자(부채+자본)다'

재무상태표 회계등식이 말해주듯 회사는 남의 돈(부채)과 내 돈

(자본)으로 돈을 잘 벌어주는 자산을 구입해야 치열한 비즈니스 전쟁터에서 살아남을 수 있다. 부채와 자본으로 자금을 조달해서 자산을 구입하는 것이 바로 투자다. 기업은 신중하게 투자를 결정해야 한다. 본업과 상관없는 곳에 투자를 하며 일을 벌이는 회사는 오래 가지 못한다.

손익계산서 회계등식

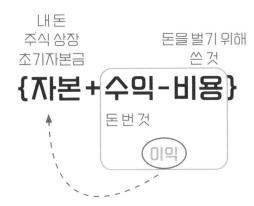

내 돈
주식 상장
초기자본금

돈을 벌기 위해
쓴 것

{자본 + 수익 - 비용}

돈 번 것

이익

회사가 돈을 벌기 위해
많이 팔고 적게 써야 하는 이유

03

손익계산서 회계등식

이번에는 회사의 손익계산서 회계등식을 보자. 손익계산서는 수익에서 비용을 뺀 것이다.

수익 - 비용

수익이란?

수익은 회사가 번 돈이다. 손익계산서 회계등식에서 말하는 수익은 영업수익(매출액)과 영업외수익을 합친 것이다.

영업수익(매출액)은 회사의 정관에 기록되어 있는 제품을 팔거나 서비스를 제공하는 등의 영업활동을 통해서 번 돈이다. 애플이 아이폰을 판매해서 번 돈은 영업수익(매출액)이다. 영업외수익은 자산을 팔거나, 예·적금을 통해 발생한 이자수익, 주식투자로 받은 배당금수익 등 영업외활동으로 번 돈이다. 애플이 건물을 구입해서 임대수익이 발생한다면 영업외수익이다. 직장인이라면 직장생활로 받는 월급은 영업수익이고, 투잡으로 벌거나 재테크로 번 돈은 영업외수익이다.

비용이란?

비용은 수익을 내기 위해, 즉 돈을 벌기 위해 쓴 돈이다. 회사에서 발생하는 모든 비용은 수익을 위한 것이다. 이것을 회계에선 수익 비용 대응의 원칙이라고 한다. 직원들에게 월급을 주고 돈을 번다. 공장을 돌려서 돈을 번다. 재료를 사서 제품을 만들고 판매해서 돈을 번다. 이렇게 비용이 원인이고 수익은 결과라는 거다. '돈을 많이 벌면 당연히 씀씀이도 커지지!' 일상에는 자연스러운 생각이지만 회계로운 생각이 아니다. '적은 비용으로 많은 수익을 내자!' 이게 회계로운 생각이다. 비용은 줄이면서 더 많은 수익을 내기 위해 어떻게 해야 할까? 회계롭게 고민하고 생각하고 행동해야 회사는 수익과 이익을 늘리며 살아남을 수 있다. 비용에는 영업비용, 영업외비용, 법인세비용이 있다. 영업비용은 제품 생산과 서비스 제공에 들어간 돈인 매출원가(매출액을 얻기 위해 쓴 비용), 제품과 서비스 판매 또는 회사 관리와 유지에 들어간 돈인 판매비 및 일반관리비가 해당된다. 영업외비용은 이자비용과 재테크손실, 자산처분손실 등이다. 법인세비용은 말 그대로 법인소득에 따른 법인세를 계산한 비용이다.

회사가 이익이 났다면 수익이 늘어서? 비용이 줄어서? 손실이 났다면 수익이 줄어서? 비용이 늘어서? 수익과 비용 관점에서 분석해야 한다.

$$이익=수익-비용$$

수익(번 돈)에서 비용(돈을 벌기 위해 쓴 돈)을 뺀 남은 돈이 바로 이익이다. 의외로 많은 사람들이 수익과 이익을 헷갈려 한다. 그러나 사업을 하는 사람이라면 반드시 구별해야 하는 것이 수익과 이익이다.

TV에서 하루 수익이 1000만 원인 대박 맛집이 소개되었다고 무작정 부러워할 필요는 없다. 요리사, 서빙 종업원 등의 인건비와 재료비, 홍보비 등의 비용이 1000만 원을 훌쩍 넘을 수도 있으니까. '얼마 벌지?'보다 '얼마 남지?'를 보는 이익 중심의 사고를 해야 한다.

쉽게 외우자! '돈 쓰는 것을 수비(수익-비용)해야 한다!'

재무상태표 회계등식(자산=부채+자본)으로 돌아가서 다시 한 번 살펴보자. 수익에서 비용을 빼고 남은 이익은 재무상태표의 자본으로 빨려 들어간다. 이익이 생길 때마다 자본이 커진다. 여기서 사업의 목적을 발견할 수 있다. 사업의 목적은 자본이 계속 늘어나는 거다. 자신이 대표라고 생각하자. 내가 투자한 돈이 500만 원이라면 자본 500만 원이 1000만 원 되고, 1억 원 되고, 10억 원 되고, 100억 원 되고 계속 불어나야 한다. 또 자본이 커지면 돈을 벌 수 있는 자산도 많아진다.

따라서 회사가 성장하려면 적은 비용으로 더 많은 수익을 내기 위해 끊임없이 노력해서 이익을 올려 자본과 현금을 늘리고 돈을 버는 자산에 투자해야 한다. 단순한 회계등식이지만 이것이 바로 회사가 살아남기 위한 기본 생존 공식이다. 경영자는 머릿속에 회계등식을 장착하고 회사를 운영해야 치열한 비즈니스 전쟁에서 살아남을 수 있다.

그렇다면 결혼식에서 친구에게 받은 축의금은 부채일까? 자본일까?

부채인 경우가 많다. 그래서 결혼식을 마치고 축의금 금액과 봉투를 일일이 확인해서 리스트를 작성한다. 그리고 축의금을 낸 친구 결혼식 날 준 만큼 낸다. 친구에게 축의금을 받으면 잠시 보관하고 있다가 언젠가 돌려줄 돈이다.

재테크 관점에서 생각해보자. '내 자산 중 돈을 벌어다 주는 핵심 자산이 뭘까? 돈만 축내는 사치자산에 돈 쓰고 있는 건 아닐까? 월급에서 필수생활비를 뺀 한 달 이익은 얼마일까? 이익 중 돈을 버는 투자자산에 얼마나 투자할 수 있을까?'를 고민하며 직접 회계등식을 그려보자. 회계등식을 일상에 대입하면 할수록 돈을 보는 관점이 달라지고 재테크 수익률이 올라간다.

흑자도산
=돈을 벌어도 갚을 현금이 없으면 부도

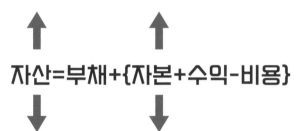

자산=부채+{자본+수익-비용}

자본잠식
=적자의 연속타로 자본금을 까먹고 있는 상태

부채를 충분히 갚을 수 있는 현금 상태(자산)를
보유하고 꾸준히 흑자(이익)를 내고 있는 회사가 좋다

흑자여도 망하고,
적자여도 망한다?

회사는 흑자여도 망하고, 적자여도 망할 수 있다. 적자라면 망하는 게 이해되는데 흑자인데 망한다니? 선뜻 이해가 안 될 것이다.

$$자산=부채+\{자본+수익-비용\}$$

돈을 벌어서 비용을 제외하고도 남으면 이익이 생긴다. 이것을 흑자라고 한다. 이익이 나면 자본이 늘어나고, 돈을 벌어주는 자산을 구입할 수 있다. 이런 선순환 구조에 있는 기업이 좋은 기업이다. 우리나라에서 선순환 구조를 가장 잘 만든 곳은 국내 시가총액 1위 기업 삼성전자다.

그런데 흑자이면서도 망하는 회사가 있다. 현금이 없어서다. 부채를 갚아야 하는데 외상으로 물건을 판매한 돈을 회수하지 못했거나, 돈을 벌어주는 시간이 많이 걸리는 자산(토지, 건물)을 구입해서 당장은 현금이 없는 경우다. 또 제품을 만들기 위한 재료를 너무 많이 구입했거나 긴급한 상황에 사용해야 할 현금을 준비하지 못한 경우다. 당장 부채를 갚아야 할 현금이 없으므로 흑자여도 망한다. 흑자도산(이익은 나지만 현금이 부족해서 부채를 갚지 못해 망하는 것)을 막으려면 철저하게 장·단기로 자금을 관리하고 계획해서 자금이 많거나 적을 때를 미리 준비해야 한다. 특히 1년 내에 갚아야 할 부채는 철저히 관리해야 한다. 경영자는 이익도 중요하지만 현금흐름에 면밀하게 신경을 써야 한다.

자본잠식

자산=부채+{자본+수익-비용}

⬇   ⬇

UFC 같은 격투 경기를 보면 머리나 턱을 맞지도 않았는데 픽 쓰러져서 KO가 되는 경우가 있다. 대부분 복부를 연타로 맞아서 그렇다. 복부는 맞았을 때 얼굴이나 턱보다 충격이 덜한 곳이다. 그러나 연속으로 맞으면 내장에 충격이 누적되어 하반신이 말을 듣지 않는다. 그래서 어느 순간 픽 쓰러진다.

회사도 마찬가지다. 돈을 벌긴 벌지만 번 돈보다 쓴 돈이 많으면 계속 적자가 난다. 적자가 지속되면 자본을 깎아 먹게 된다. 이런 악순환 구조에 있는 기업을 반드시 조심해야 한다. 이런 상황을 자본잠식이라고 부른다. 나는 '자잠'이라고 약칭해 부르는데, 중국집에 가서도 자장면과 짬뽕을 함께 주는 '자짬면'을 절대 안 먹는다. 자장면 아니면 짬뽕이다. 그만큼 자잠을 싫어하기 때문이다. 자본잠식은 기업이 이익을 내기는커녕 계속 손실을 내서 투자 원금인 자본금까지 까먹고 있는 상태(자본금>자본총계)를 말하는데 언제든지 망할 수 있다. 자본총계가 마이너스면 완전 자본잠식이다.

뉴스에서 부실기업을 거론할 때 빠지지 않는 말이 바로 자본잠식이다. 2010년 4월에 금융위원회가 부실이 심각한 7개 저축은행에 대해 영업정지 처분을 내렸는데, 7곳 모두 자본잠식 상태였다. 자본잠식에 빠진 대부분 회사는 망하는 수순을 밟는다. 주식시장에 상장한 회사가 완전 자본잠식에 빠지면 상장 폐지, 2년 이상 50% 이상 부분 자본잠식에 빠지면 주식시장에서 퇴출된다. 그러고 나면 자금 조달이 어려워지므로 경영 상태는 더욱 악화된다. 이런 회사에는 절대 입사해서도 안 되고 투자도 해선 안 된다.

05

회계등식 맛보기 퀴즈

자, 지금까지 회계등식을 마스터했으니 맛보기로 퀴즈를 풀어
보자.

스타봉스 카페 재무상태표 그리기

당신은 1년 전, 스타봉스 카페를 창업했다. 당시 스타봉스 카페
의 재무상태는 자산 1억 원(부채 3000만 원, 자본 7000만 원)이었다. 1년
동안 열심히 커피를 판 결과 수익 1억 원, 비용은 3000만 원이 나왔
다. 창업 1년 후 스타봉스의 재무상태는 어떻게 변했을까? 지금까
지의 내용을 토대로 스타봉스 카페의 재무상태를 정리해보자.

1년 후 손익을 손익계산 공식(수익-비용)에 대입하면, 이익은
7000만 원이 발생했다(수익 1억 원-비용 3000만 원=이익 7000만 원). 스타
봉스 카페의 이익은 재무상태 공식의 자본으로 빨려 들어간다. 그

래서 창업 1년 후 스타봉스는 다음과 같은 재무상태를 가지게 되었다.

자산 1억 7000만 원=부채 3000만 원+자본 1억 4000만 원

이 과정을 재무상태표로 그려보면 아래와 같다. 그림처럼 7000만 원 이익이 생기면 내 돈인 자본이 7000만 원만큼 커지고, 늘어난 7000만 원 이익만큼 돈을 벌어다 주는 현금 자산이 7000만 원 커진다.

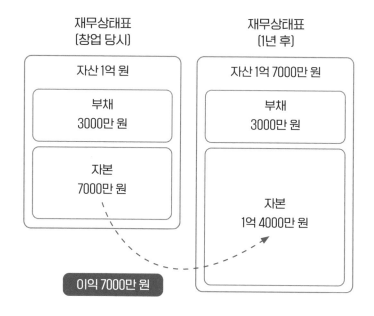

회계등식으로 결혼상대를 검증하기

결혼하기 전에 두 사람이 서로 꼭 터야 하는 것 세 가지가 있다. 첫째는 방귀, 둘째는 연봉(수익), 셋째는 빚(부채)이다. 연애하면서 결혼상대의 씀씀이(비용)는 어느 정도 엿볼 수 있다. 연봉은 기업정보 회사를 통해 어느 정도 파악할 수 있다. 그러나 빚은 확인하기가 어렵다. 그러나 결혼상대를 검증하려면 어렵지만 빚이 얼마인지는 꼭 알아야 한다.

매일 친구처럼 장난치던 연인이 어느 날 진지한 눈빛으로 다가와서 당신에게 프러포즈한다. 평상시 1억짜리 외제차를 끌고 다니고 본인 명의의 아파트 시가가 무려 20억 원이나 하는 잘나가는 사업가다. 그러나 아무리 사랑하는 연인이라고 해도 결혼 제안을 덥석 받아 들면 절대 안 된다. 회계를 배운 우리는 회계등식을 통해 자산을 들여다봐야 한다.

먼저 재무상태 등식(자산=부채+자본)으로 확인해보자.

결혼상대의 기분이 좋을 때 혹시 대출금은 없는지 물어보았더니 "응, 사업자금으로 집 담보 대출이 8억 있어"라고 이야기한다면 결혼 제안을 받아들이겠는가? 아마 꺼려질 것이다. 자산이 얼마 있느냐가 중요한 것이 아니라 자산 중 부채(남의 돈)가 얼마고, 자본(내 돈)이 얼마인지가 중요하다.

반대로 결혼상대의 아파트가 알고 보니 부모님이 물려주신 거라면 결혼 제안을 받아들이겠는가? 이 역시 덥석 받아들이면 안 된다. 손익계산 등식(수익-비용)을 확인해야 한다. 결혼상대의 연봉이 얼마고, 돈은 얼마나 쓰는지를 확인해야 한다. 만약 매월 월급보다 더 많은 비용을 쓴다면 적자 발생으로 인해 자본을 깎아 먹는 자본잠식 상태가 올 것이다. 또는 자본잠식 상태를 극복하기 위해 시댁의 지속적인 요구를 따라야 할 수도 있다.

그럼에도 불구하고 난 이 사람을 사랑하니 결혼하겠다는 사람이 분명 있을 것이다. 그렇다면 연인을 이렇게 설득해야 한다.

"당신이 나를 정말 사랑한다면 외제차랑 아파트를 손해 보더라도 팔자. 그리고 내가 모은 돈이랑 합쳐서 작은 집에서 시작하자."

자산을 팔아서 부채를 갚고, 그래도 남은 부채는 앞으로 함께 갚아나가면 되는 것이다.

너무 말도 안 되는 방법이라고? 실제로 너무나도 많은 신혼부부들이 결혼 전 상대방의 재무상태를 제대로 모르고 결혼해 살아가며 후회한다. 이직에도 그 회사의 재무제표를 봐야 하는데 평생을 좌우하는 결혼에 있어서 간단한 회계등식으로 결혼상대를 검증하는 것은 꼭 필요한 일이다. 단, 잊지 말라. 상대의 자산 총액보다는 자산의 구성을 살펴보고 수익과 비용의 규모를 파악해서 이익이 꾸준히 쌓이고 있는지를 봐야 한다.

회계의 순환과정

자산　부채　자본　수익　비용

회계 시스템에 전표 입력하면
자동분개

↓

전기　회계팀 검토 및 승인하면 장부에 기록

↓

**수정 전
시산표
작성**　각 계정 잔액, 차변·대변 합계
일치 여부 확인

↓

수정분개 → **수정 후
시산표
작성** → **장부 마감** → **재무제표
작성**

감가상각,
이자비용 및
수익 인식 등

재무제표를 낳는 회계의 순환과정

회계등식을 머릿속에 장착했으니 재무제표가 태어나는 과정을 지켜보자. 이 과정을 회계어로 회계의 순환과정(재무제표를 작성하기 위한 과정)이라고 부른다.

① 거래가 발생했다! 거래를 증명하는 증빙을 잘 챙겨둔다.

② 전표를 입력한다. 회계 시스템을 사용하면 자동으로 분개(거래를 계정별로 차변과 대변으로 나눠서 금액을 기록)된다.

③ 전표를 회계팀에 제출하면 회계 담당자는 올바르게 분개되었는지 확인하고 승인한다.

④ 승인이 되면 분개장부에 분개가 기록되고, 총계정 원장(기업의 모든 계정이 집합하여 기록된 곳)의 각 계정과목별로 옮겨서 집계를 하는 전기(분개를 총계정 원장의 각 계정으로 옮기는 것)가 일어

난다.

①~④의 과정이 재무제표가 작성되는 시점까지 계속 반복된다.

결산 시기가 되면 수정 전 시산표(분개와 전기의 오류를 검증해주는 표)를 통해 분개와 전기 과정에서 오류가 없는지 검증한다. 즉 총계정 원장의 집계 결과가 맞는지 차변의 합계와 대변의 합계의 일치 여부를 확인한다. 그리고 수정분개를 통해 선급 비용 처리, 감가상각 등 결산 시점에만 반영하는 내용들을 반영하고 잘못된 부분을 바로잡는다. 금액 또는 계정 오류 등 잘못된 분개를 결산 시점에 바로잡아주고 선급 비용, 감가상각, 수익(미수수익, 선수수익) 인식 등 결산 시점에만 반영하는 결산 조정을 분개해주는 것이다. 수정분개를 하는 이유는 정확한 당기순이익을 도출하기 위해서다. 수정분개를 하지 않으면 당기순이익이 왜곡되고 세금 금액이 달라질 수 있다.

수정분개와 수정 전 시산표 금액이 합쳐진 수정 후 시산표를 작성하고 장부를 마감한다. 그리고 재무상태표와 손익계산서를 만든다.

3장

지지 말자,
분개 따위에!

쪼개고 있군.
맞아, 분개란 거래나 사건을 계정으로 나누어
차변과 대변에 쪼개서 넣는 거지.

01

분노하지 말고 분개하자

회사 재무팀에 근무하던 시절, 재무팀 입구엔 전표함이 있었다. 총 세 칸으로 이뤄진 전표함의 두 칸에는 두 본부의 이름이 적혀 있었고, 나머지 한 칸은 분개를 잘못해서 반려된 전표를 넣는 곳이었다. 직원들이 각자 자기 팀이 해당하는 본부의 전표칸에 전표를 넣으면, 본부 전표를 담당하는 재무팀 담당자가 전표를 확인하는 수순이었다.

재무팀의 OJT On the Job Training(사내 교육훈련)가 끝나자마자 선배들은 내가 담당할 전표함을 가리켰고, 나는 매일 전표함에서 수백 장의 전표 뭉치를 꺼내 분개를 확인했다. 분개 확인을 어떻게 해야 하는지 설명도 해주지 않아서 회계 이론서를 뒤적이며 분개를 공부했다. 차변, 대변, 거래의 이중성, 거래의 8요소 같은 단어들은 마치 아프리카의 외딴 나라 방언 같았다.

그러니 사수에게 전표 결재를 올릴 때마다 깨질 수밖에.

"네가 정신을 못 차려서 결재를 올렸고 나도 실수했다 치자. 그럼, 비용으로 인정돼서 회사에서 돈이 나가는 거야. 네 돈이라면 그렇게 대충 하겠냐?"

그런 나를 불쌍히 보았던 과장님이 살짝 힌트를 주었다. 예전 전표를 잘 살펴보라는 것이었다. 그리고 나는 수만 장의 전표들 속에서 분개를 마주하며 마침내 분개의 원리를 터득할 수 있었다.

내가 깨지며 배웠던 분개의 원리, 쉽게 알려드리겠다. 먼저 분개에 들어가기 전에 단식부기와 복식부기를 이해하고 가자.

단식부기와 복식부기

어릴 적 저녁만 되면 어머니는 가계부를 썼다. 오늘 산 꽁치 한 마리, 콩나물 한 봉지에 얼마를 썼는지 가계부에 기록하는 것이다. 이렇게 장부에 기록하는 것을 부기Book keeping라고 한다.

시장에서 돈을 얼마 썼는지, 아빠 월급봉투에 얼마가 들어왔는지, 단순히 돈을 벌고 쓴 것을 기록하는 것을 단식부기(거래의 내용과 금액을 한 번만 기록하는 방식)라고 한다.

그런데 단식부기로 얻을 수 있는 정보는 너무 단순하다. 현금이 얼마 있고 얼마나 증가했고 잔액은 얼마인지 현금만 알 수 있다. 늘어난 자본은 얼마나 되는지, 갚을 돈이 얼마나 있는지를 알 수가 없다. 또 단식부기로는 기록할 수 없는 거래, 즉 현금이 오가지 않는 거래들이 존재한다. 그래서 복식부기(계정과 거래 금액을 차변과 대변에 기록하는 방식)가 생겨났다.

복식부기는 14세기 이탈리아에서 탄생했다. 항로가 개척되고 교역이 증가하면서 거래가 많아지자 단식부기로는 도저히 외상과 이익 배분 등을 관리할 수 없었기 때문이다. 복식부기는 인류 역사상 아주 중요한 발명 중 하나다. 심지어 600년 전 복식부기와 지금의 복식부기는 별 차이가 없을 정도다. 복식부기의 발명으로 교역과 경제는 빠르게 성장했다.

그러나 복식부기는 어렵다. 단식부기와는 수준이 다르다. 대신 자산, 부채, 자본의 변화를 확인할 수 있고, 거래를 검증할 수 있는 장치가 있다. 그래서 정부, 회사, 대부분의 단체는 복식부기로 장부를 기록한다.

02

분개의 순서

이제 슬슬, 그 어렵다는 분개를 시작해보자. 분개는 모두 네 단계로 이루어진다. 그중에서 가장 어려운 것이 바로 계정의 위치 찾기다.

거래 확인

먼저 회계에서 인정하는 거래인지 확인해야 한다. 다른 말로, 거래는 회사의 재산 상태에 영향을 미쳐야 하며, 금액으로 표시 가능해야 한다.

프린터를 주문했다. (거래 ×)
프린터를 50만 원을 주고 구입했다. (거래 O)

차변과 대변이 같아야 한다

분개는 차변debit(왼쪽)과 대변credit(오른쪽)으로 나누는 것이다. 전문용어로 쪼개기다. 거래가 발생하면 무조건 차변과 대변으로 쪼개서 양쪽에 표시해야 한다.

같은 값을 양쪽에 기록하는 것이므로 차변과 대변의 합은 항상 같아야 한다. 다르면 틀린 것이다. 이것을 대차평균의 원리라고 한다.

거래에 해당하는 복수의 계정을 파악해야 한다

거래에는 복수의 계정이 존재한다. 모든 거래에는 원인과 결과가 있기 때문이다. 이것을 거래의 이중성이라고 한다.

분개를 하려면 거래가 자산, 부채, 자본, 수익, 비용 중 어디에 속하는지 계정부터 파악해야 한다.

다음 예시를 통해 거래가 어디에 속하는지 파악해보자. 거래가 어디에 속하는 계정인지 파악이 가능하면 분개의 90%는 끝난 것이다.

창업을 위해 자본금을 현금으로 납입했다: 자본금(자본), 현금(자산)

컴퓨터를 현금으로 구입했다: 컴퓨터(자산), 현금(자산)

소모품을 외상으로 구입했다: 소모품(비용), 외상(부채)

직원에게 급여 200만 원을 현금으로 지급했다: 급여(비용), 현금(자산)

책을 판매했다: 책(자산), 판매(수익)

업무를 위해 택시를 현금을 주고 이용했다: 택시비(비용), 현금(자산)

계정의 위치를 찾는다

분개의 마지막 과정이자 가장 중요한 일은 계정의 위치를 찾아주는 일이다. 거래나 사건이 발생하면 계정의 위치를 알고 차변·대변으로 쪼개서 넣으면 이것이 분개다.

여러분들은 이미 계정의 위치를 알고 있다. 회계등식을 떠올려보자.

$$자산=부채+\{자본+수익-비용\}$$

위의 등식에서 현재 +인 위치가 바로 분개상의 위치다. 이에 따르면 자산은 등호의 왼쪽(차변), 부채와 자본, 수익은 오른쪽(대변)이다. 그런데 -인 비용은 어떻게 처리할까?

어릴 적 배웠던 이항을 떠올려보자. 'a=b-c'에서 -인 c를 왼쪽으로 옮기면 +로 변하면서 'a+c=b'가 된다. 이에 따라 -인 비용은 회계등식에서 등호의 왼쪽으로 +를 만들어준다.

회계등식에서의 위치

차변	대변
자산	부채
비용	자본
	수익

각각의 분개별로 계정의 위치를 찾을 때 반드시 기억해둬야 하는 것은, 분개에서는 계정이 마이너스일 경우 반대에 위치한다는 약속이다.

앞서 직원에게 급여 200만 원을 현금으로 지급한 사례를 분개해보자.

급여(비용) 지급과 현금(자산) 지급이 발생했다. 비용이 증가(+)했으므로 비용의 본래 위치인 차변에 급여 계정을 놓는다. 동시에 회사 입장에서 자산인 현금은 감소(-)한 것이므로 반대인 대변에 현금 계정을 놓아야 한다.

단계	차변		대변	
1	급여 지급	2,000,000		
	현금 감소	− 2,000,000		
2	급여 지급	2,000,000	현금	2,000,000

03
실전 분개!
실습으로 분개를 이기자

이제 분개에 대한 이론은 끝났다. 본격적인 실습을 해볼 단계다. 오직 실습만이 분개를 이기는 방법이다. 앞서 알려준 회계등식에서의 위치를 떠올리며 각각의 사건의 계정과목을 파악하고 맞는 위치에 배치하도록 한다. 차변과 대변 사이에 '/'를 넣어서 왼쪽과 오른쪽을 확실히 구별하는 것이 편하다.

사실 많은 회사에서는 회계 시스템을 이용하고 있으므로 분개는 자동으로 이루어진다. 그러나 실습을 통해 기본을 익히고 나면 개념이 확실히 잡힌다. 참고로 비즈니스를 꿈꾼다면 분개를 공부하면 도움이 된다. 거래를 입체적으로 볼 수 있다.

분개 실습 1. 자본금 1000만 원으로 회사를 창업했다

자본금(자본 계정)을 납입했다.

회사에 현금(자산 계정)이 증가했다.

자본의 본래 위치는 대변이다. 자본이 증가했으므로 대변에 기록한다. 자산 계정의 본래 위치는 차변이다. 자산이 증가했으므로 차변에 기록한다.

차변 현금(자산 증가) 1000만 원 / **대변** 자본금 1000만 원

분개 실습 2. 컴퓨터를 현금 100만 원 주고 구입했다
컴퓨터(자산 계정)를 구입했다.
현금(자산 계정)을 줬다.

자산 계정의 위치는 차변이다. 자산이 증가했을 때는 본래 위치인 차변에, 자산이 감소했을 때는 차변의 반대인 대변에 기록한다.

차변 컴퓨터 구입(자산 증가) 100만 원 / **대변** 현금(자산 감소) 100만 원

분개 실습 3. A4 용지 5만 원어치를 외상으로 구입했다
A4 용지(비용 계정)를 구입했다.
미지급금(부채 계정)으로 잡다.

A4 용지는 소모품이므로 비용 계정에 넣어야 한다. 비용이 늘어

낮으므로 차변에 기록한다. 부채 계정의 본래 위치는 대변이다. 부채는 대변에 기록한다.

차변 A4 용지 구입(비용 발생) 5만 원 / **대변** 미지급금(부채 증가) 5만 원

04

실전 분개! 전기 실습

분개가 끝나면 무엇이 이루어질까? 그렇다. 분개장에서 총계정 원장으로 옮기는 '전기'가 발생한다. 총계정 원장의 계정별로 결과 값을 내는 것이다.

앞서 한 분개 실습을 이용하여 계정별로 전기해보도록 하자. 여기서는 T계정(거래 내용을 차변과 대변으로 쉽게 나타내기 위한 계정. T자 모

양이어서 T계정이라 부름)을 사용한다. 별것 아니다. 외려 전기를 쉽게 도와준다. 차변과 대변 사이에 T를 그려주고 차변의 합과 대변의 합을 따로 내서 계정별 잔액을 내는 것이다. 계정의 원래 위치가 차변이면 차변의 합에서 대변의 합을 빼준 것, 반대로 대변이 원래 위치라면 대변의 합에서 차변의 합을 빼준 것이 잔액이 된다.

앞선 분개 실습에서 나온 현금, 컴퓨터, A4 용지, 자본금, 미지급금 이렇게 다섯 개의 계정을 계정별로 기록한다.

현금(자산)
차변 합 1000만 원 / **대변** 합 100만 원
계정 잔액: 차변 900만 원

컴퓨터(자산)
차변 합 100만 원 / **대변** 합 0원
계정 잔액: 차변 100만 원

A4 용지(비용)
차변 합 5만 원 / **대변** 합 0원
계정 잔액: 차변 5만 원

자본금(자본)

차변 합 0원 / **대변** 합 1000만 원

계정 잔액: 대변 1000만 원

미지급금(부채)

차변 합 0원 / **대변** 합 5만 원

계정 잔액: 대변 5만 원

위의 내용을 T계정에 옮기면 한눈에 계정별로 잔액을 확인할 수 있다.

전기

실전 분개! 시산표 실습

총계정 원장의 전기를 마쳤다면, 마지막으로 시산표를 작성해보자. 차변, 대변의 잔액을 그대로 시산표에 적으면 된다.

시산표	
차변	대변
현금(자산) 900만 원 컴퓨터(자산) 100만 원 A4용지(비용) 5만 원	미지급금(부채) 5만 원 자본금(자본) 1000만 원
1005만 원	1005만 원

시산표의 차변과 대변이 일치한다면 제대로 해낸 것이다.

시산표의 차변, 대변 금액을 그대로 기입하여 손익계산서와 재무상태표로 만들 수 있다.

손익계산서

수익 0원
비용 5만 원
손실 −5만 원

손실 −5만 원은 자본의 결손금에 반영한다.

재무상태표

자산	부채	
현금 900만 원 컴퓨터 100만 원	미지급금 5만 원	
	부채총계 5만 원	
	자본	
	자본금 1000만 원 결손금 −5만 원	
	자본총계 995만 원	
자산총계 1000만 원	**부채와 자본 1000만 원**	

어떤가? 하나씩 따라 해보니 쉽지 않은가? 분개 원칙을 이해하고 회계 시스템을 이용하면 당장 회계팀원으로 일할 수 있다. 분개 따위에 겁먹지 말고 이겨버리자!

4부

실전 회계

스타봉스 상속받을 것이냐, 말 것이냐!

그래! 결정했어!

1장

이것이 재무상태표다

자산	부채
유동자산	**유동부채**
현금	매입채무
매출채권	미지급금
미수금	미지급비용
선급금	선수금
선급비용	단기차입금
재고자산	**비유동부채**
	장기차입금
	사채
비유동자산	**자본**
유형자산	자본금
무형자산	자본잉여금〔주식발행초과금〕
투자자산	이익잉여금
자산 계	**부채와 자본 계**

01

재무상태표 실루엣 살펴보기

재무상태표의 실루엣을 살펴보기 전에 회계등식을 다시 한 번 꺼내보자. 왜 자꾸 꺼내냐고? 회계등식은 회계의 기본이기 때문이다. 회계등식을 통해 이야기하고 읽는 훈련을 해야 한다.

자산=부채+{자본+수익-비용}

재무상태표 회계등식은 자산＝부채＋자본

회사에 돈을 벌어다 주는 자산의 합은 언제나 남의 돈인 부채와 내 돈인 자본을 더한 합과 같다. 남의 돈과 내 돈으로 자산을 구입하니까 당연한 이야기다.

지금부터 보려고 하는 재무상태표의 실루엣은 실제 재무상태표와는 조금 다르다. 실제 재무상태표는 세로로 자산, 부채, 자본 순

서로 나열되어 있다. 우리가 실루엣으로 보려는 재무상태표는 회계등식처럼 왼쪽엔 자산, 오른쪽엔 부채와 자본이 한눈에 보이도록 그려져 있다. 이 실루엣을 잘 익혀서 실제 재무상태표를 보면 더 잘 이해할 수 있다. 이제 재무상태표 실루엣을 통해 재무상태표의 구조와 계정을 살펴보자.

재무상태표의 핵심, 자산

먼저 자산을 보자. 자산은 회사에 돈을 벌어다 주는 것이라고 했다. 자산을 보면 회사가 무엇으로 돈을 벌어들이는지 알 수 있

자산
유동자산
현금
매출채권
미수금
선급금
선급비용
재고자산
비유동자산
유형자산
무형자산
투자자산
자산 계

고, 남의 돈인 부채와 내 돈인 자본을 보면 누구의 돈으로 더 많이 자산을 구입했는지 알 수 있다.

자산은 유동자산과 비유동자산으로 구분되어 있는데, 이 둘의 차이는 바로 시간에 있다. 회사에 돈을 벌어주는 시간이 1년 이내일 경우 유동자산, 현금화되기까지 1년 이상 걸리는 것은 비유동자산이다. 재무상태표의 자산을 볼 때 회사에 돈을 벌어다 주는 핵심자산이 뭘까? 고민해보자. 힌트는 비유동자산 중 가장 비중이 큰 자산에 있다. 삼성전자의 경우 연결 기준으로 자산에서 가장 큰 비중을 차지하는 자산은 유형자산(40%)이다. 삼성바이오로직스는 자산 중 무형자산이 38%, 네이버는 투자자산이 65%를 차지한다. 회사마다 업종마다 핵심자산이 다르므로 재무상태표에서 꼭 확인하자!

02

유동자산은 생존의 힘이다

유동자산
현금
매출채권
미수금
선급금
선급비용
재고자산

유동자산 안에서도 서열이 있다. 돈을 버는 시간이 짧을수록 서열이 높다. 유동자산은 크게 당좌자산(유동자산 중 현금화가 가장 빠른 자산)과 재고자산(판매를 목적으로 보유하고 있는 자산 또는 판매할 자산의 생산에 사용되는 자산)으로 구분하는데, 유동자산에서 재고자산을 뺀 나

머지 자산이 당좌자산이다. 당좌자산은 영어로 'quick asset'이다. 유동자산은 1년 이내에 돈을 벌어주는 자산이라고 했지만, 가능성이 높은 거지 100%는 아니다. 유동자산 중에 회사가 마음먹는다고 현금화시킬 수 없는 자산이 재고자산이다. 재고자산은 팔아야 현금화시킬 수 있기 때문이다. 그래서 유동자산 중에 재고자산을 빼서 당좌자산을 따로 계산해보는 이유다.

당좌자산의 서열 1위는? 바로 현금이다. 뭐니 뭐니 해도 돈을 버는 데는 money가 최고다!

예전에 팀장님이 텅 빈 내 지갑을 보더니 "남자는 자기 나이만큼 현금을 갖고 다녀야 한다"고 말했다. 남자다운 말이긴 하지만, 분실 위험이 있는 현금보다 카드나 간편결제 시스템이 훨씬 편리한 것이 사실이다. 그래서 많은 이들이 통장에 현금을 넣고 대신 체크카드나 카카오페이, 네이버페이 같은 간편결제 시스템을 이용한다. 이처럼 회사도 은행에 현금을 보관하고 언제든지 쓸 수 있도록 대비하는데, 재무상태표에서 현금 또는 현금처럼 사용할 수 있는 수표와 증권 등을 합쳐서 '현금및현금성자산(현금은 회사 금고에 있는 돈과 은행에 있는 예금, 현금성자산은 만기가 3개월 이내인 유가증권과 단기금융 상품)'이라고 부른다. 단기금융상품은 1년 만기 예·적금 같은 상품을 말한다. 현금및현금성자산과 단기금융상품을 현금으로 봐도 좋다. 현금및현금성자산은 사업에 필요한 현금, 단기금융상품은 사업에 필요한 현금을 초과한 현금을 예·적금 같은 금융상품에 넣어놓거나 재테크했다고 보면 된다.

앞에서 회사는 흑자여도 망할 수 있다고 했다. 현금이 적으면 갚을 돈인 부채를 감당할 수 없기 때문이다. 그래서 언제나 쓸 수 있는 여유 현금이 있어야 한다. 요즘 기업들이 투자는 하지 않고 현금을 쌓아놓고 있다고 비판하지만 그들 입장에서는 살아남기 위해 현금을 비축하는 것이라 할 수 있다.

그런데 현금이 많으면 무조건 좋을까? 우리나라 기업의 평균 현금보유량은 자산의 10% 정도라고 한다. 현금은 그냥 현금일 뿐, 돈을 벌어주진 않는다. 사업에 필요한 현금을 초과한 현금은 금융 상품이나 금융자산에 투자해 놓게 만들지 말아야 한다. 그리고 현금은 회사의 안정성 면에서 최고의 자산이지만 효율성 면에선 제로다.

매출채권은 받아야 할 돈이다

매출채권은 매출과 관련된 돈 받을 권리, 말 그대로 물건을 팔았으니 받아야 할 돈이다. 요즘은 분식집도 카드결제를 하고, 현금 결제하는 도박장이 아니고서는 대부분의 회사가 신용 거래를 한다. 그래서 물건을 판매한 후 상대 회사의 대금 지급 일정에 맞춰서 돈이 입금된다. 신용카드로 결제했을 경우엔 카드사를 통하기 때문에 돈 들어오는 시점이 늦어지고, 어음인 경우엔 더 늦어진다. 이렇게 아직 받지 못한 돈은 매출채권이다.

매출채권은 회사의 주된 영업활동으로 발생한 매출과 관련이 있다. 매출채권에는 '외상매출금'과 '받을어음'이 있다. 대부분 외상매출금이지만, 간혹 어음으로 받았을 경우 받을어음으로 처리한다. 어음으로 받으면 만기일이 돼야 현금으로 받을 수 있다. 영세한 중소기업은 받을어음보다 현금으로 받길 원한다. 그래서 중소기업중앙회에서는 영세 중소기업의 현금 부족과 자금 회수 기간에 대한 애로 사항을 해결하기 위해 어음 지급기일 만기를 대폭 단축하는 건의안을 정부에 계속적으로 전달하고 있다. 대기업의 경우 명절 같은 특별한 날에는 미리 결제를 해주기도 한다.

그렇다면 매출채권이 많으면 무조건 좋을까? 그렇지 않다. 매출채권은 받을 돈이지 아직 통장에 입금된 현금이 아니다.

매출채권을 빨리 회수해서 회사의 통장으로 현금이 들어와야 좋다. 돈 잘 버는 식당은 손님이 식사를 빨리 하고 자리를 뜨고, 다음 손님이 들어와서 또 식사를 한다. 테이블회전율이 좋은 것이다. 테이블이 빨리 회전해서 많은 손님이 단시간에 들어오고 나가야 하는 것처럼, 매출채권 역시 늘었다 줄었다가 빨리 돼야 한다. 이는 곧 회사에 현금이 들어오는 시간이 빨라진다는 뜻이다. 그래서 회사는 매출채권회전율(매출액을 평균매출채권으로 나눈 수치. 매출채권의 현금화 속도를 볼 수 있음)을 계산해서 매출채권 회수 관리를 한다. 매출이 줄었는데 매출채권은 오히려 늘어서 매출채권회전율이 점점 낮아진다면 매출채권 회수를 잘못하고 있는 것이다. 현재 시점에서 매출채권회전율만 보면 안 되고 3~5년 동안 매출채권회전율 흐름을 봐야 한다. 또한 매출채권은 분식회계의 수단으로 자주 이용되므로 유심히 봐야 한다.

매출채권과 대손충당금

매출채권과 대손은 '프레너미frenemy'다. 프레너미란 친구friend와 적enemy의 합성어로 전략적 협력 관계이면서 경쟁 관계를 말한다. 주변에 대손 관계에 있는 사람들이 있을 것이다. 서로 좋아하지 않으면서도 혹시라도 도움이 될까 친구로 지내는 사람들이 바로 '대손 친구'다.

대손은 한마디로 못 받을 돈이다. 친구가 차비가 없다고 해서 1만 원을 빌려줬다. 그런데 빌린 것을 잊어버렸는지 도저히 갚을 생각을 안 한다. '에구, 못 받겠구나. 그냥 준 셈 치자' 하면 그 돈이 대손충당금이다. 돈을 못 받을 거라 보고 미리 손실 처리하는 것이다.

회사를 예로 들어보자. 이제 막 시작한 신생기업에 물건을 팔았다. 그런데 돈을 못 받은 상태에서 신생기업이 망할 수 있다. 그 위험을 대손이라는 계정으로 대비하는 것이다. 회사는 돈을 못 받을 위험을 추정해서 대손충당금 계정에 설정을 한다. A회사에게 받을 매출채권 100만 원이 있을 때 경험상 2만 원을 못 받았다면, 매출채권의 2%를 대손충당금으로 설정하는 것이다. 또 A회사가 망했다면 외상매출금 100만 원은 받을 수 없으므로, 미리 쌓아놓은 2만 원을 제외한 나머지 98만 원을 대손충당금에 쌓아서, 대손충당금(자산 차감 계정) 100만 원과 대손상각비(비용 계정) 100만 원을 상계 처리한다. 매출채권을 회수하지 못하면 회사에 비용으로 발생하는 것이다.

재무제표 주석에서 매출채권을 검색해서 충당금 설정률을 꼭 체크하자.

대손충당금(손실충당금)을 매출채권액으로 나누면 충당금 설정률을 계산할 수 있다. 설정률이 일정하지 않고 들쭉날쭉한다면 조심해야 한다. 어느 분식회계 기업은 대손충당금 설정을 적게 잡아 비용을 낮추고 이익을 높이기도 했다.

회사에 대손이 하나도 없으면 좋겠지만 그럴 수는 없다. 그래서 회사는 거래를 할 때 예방 차원에서 상대 회사가 돈을 잘 지불할 수 있는 회사인지 분석하는 과정을 꼭 거쳐야 한다. 만약 거래를 하더라도 바로 돈을 받을 수 있도록 매출채권 회수 기간을 짧게 가져가도록 엄격하게 관리해야 한다. 그래야 회사에 현금이 빨리빨리 들어온다. 매출채권 회수가 빠른 기업은 시장경쟁력이 높아졌다는 이야기다. 고객들은 제품을 빨리 많이 가져가고 싶어서 입금을 서두르거나 제품을 받기도 전에 입금할 수 있으니까 말이다.

미수금과 선급금, 선급비용

그런데 매출채권과 닮은 녀석이 있다. 바로 미수금이다. 미수금 또한 말 그대로 못 받은 돈이다. 둘의 차이는 간단하다. 회사의 주된 영업, 매출과 관련해 발생해서 받을 돈은 매출채권이고, 그 외의 나머지는 모두 미수금이다.

예를 들어보자. 당신은 세계 최고의 스마트폰을 제조해서 판매하는 파인애플 회사의 대표다. 이 회사의 제품인 파이폰을 제조해서 판매하면, 매출채권이 생긴다. 반면 미수금은 회사의 컴퓨터를 교체하면서 기존에 쓰던 낡은 컴퓨터를 팔았을 때 받아야 할 돈이다. 즉 회사의 주된 영업활동과 관련 있으면 매출채권, 없으면 미수금이다.

미수금 항목 아래 있는 선급금은 물건을 주문할 때 계약금처럼 미리 지급하는 돈을, 선급비용은 돈은 미리 줬지만 아직 비용 처리가 되지 않은 것을 말한다. 선급금은 금액이 확정된 것이고, 선급비용은 기간에 따라 금액이 변동한다.

실무를 담당할 때 선급비용을 이해하는 게 참 어려웠다. 돈은 줬는데, 비용 처리를 안 한다고? 회계의 발생주의 때문이다. 발생주의란 돈이 나간 시점이 아니라 거래 또는 사건이 발생한 시점을 기준으로 기록하는 것을 말한다. 예를 들어 1월 1일에 보험을 계약했다고 하자. 1년 치 보험료 120만 원을 보험사에 현금으로 지급했을 경우, 선급비용 120만 원이 된다. 아직 회사는 보험 혜택을 받지 않은 것으로 보는 것이다. 2월이 되면 선급비용 120만 원은 110만 원으로 줄어든다. 1월은 보험 혜택을 받았으므로 선급비용 120만 원 중 1개월 치 보험료 10만 원은 비용 계정 보험료로 대체된 것이다. 이렇게 기간이 지나서 비용 처리가 되는 것을 선급비용이라고 한다.

회계팀은 월말 결산 때 선급비용 대체 작업을 한다. 선급비용에서 해당 월 비용으로 인식하도록 전산으로 대체 작업을 하는 것이다. 그래서 대체적으로 월초에서 월말로 갈수록 선급비용 잔액은 줄어든다.

재고자산

재고자산은 회사 물류센터 창고에 쌓여 있는 제품, 팔려고 가지고 있는 자산이다. 조립 중인 제품과 원재료까지 포함한다. 영업사원이 물건을 판매하면 제품(재고자산)은 사라지고 외상매출금(매출채권)이 된다. 판매대금이 현금으로 들어오면 매출채권은 사라지고, 현금으로 다시 원재료를 주문해서 판매할 제품(재고자산)을 만든다. 이렇게 회사에 현금이 들어오고 나가는 과정을 볼 수 있다.

현금 → 제품(재고자산) → 외상매출금(매출채권) → 현금

삼성전자나 현대자동차처럼 물건을 만들어서 판매하는 회사는 재고자산이 무척 중요하다. 많이 팔려고 많이 만들었는데 안 팔리면 그만큼 현금을 낭비한 것이므로 회사에 큰 손해다. 반대로 제품이 무척 잘 팔리는데 재고가 없으면 돈 벌 기회를 잃는 것이므로 손해다. '사장님이 미쳤어요! 창고 대방출!' 하면서 아주 싼 가격으로 의류를 판매하겠다는 포스터를 많이 볼 수 있다. 재고를 정리해서 현금을 확보하려는 것이다.

따라서 회사는 판매 예측과 적정한 재고관리가 필요하다.

컴팩이란 회사를 잘 다니고 있던 재고 담당자가 있었다. 망하기 직전의 기업에 스카우트되어 입사했는데 회사의 엉망진창 재고관리에 미칠 지경이었다. 회사가 망할 뻔한 이유도 재고관리 비용 때문이었다. 그는 안 팔리는 재고는 땅에 묻어버리고 주문량에 따라 생산하는 방식과 제조 공장에서 곧바로 배송하는 방식으로 창고에 재고가 쌓이지 않게 했다. 경영자와 협의해서 제품 종류를 확 줄이고, 회계 시스템을 구축한 뒤 판매량과 정확한 수요를 분석해서 생산을 했으며 다양한 부품들을 효율적으로 관리했다. 그가 입사한 지 7개월 만에 재고는 30일치에서 6일치로 확 줄었고, 2년이 지나자 2일치까지 줄었다. 대단하지 않은가? 그는 바로 애플의 CEO 팀 쿡이다.

비유동자산은 공격의 힘

비유동자산
유형자산
무형자산
투자자산

앞서 얘기한 대로 비유동자산은 돈을 벌어주는 시간이 1년이 넘게 걸리는 자산이다. 비유동자산을 대표하는 자산은 유형자산과 무형자산이다. 눈에 형태가 보이면 유형자산, 보이지 않으면 무형자산으로 구별한다. 마치 유형문화재, 무형문화재와 같다.

유형자산

대표적인 유형자산에는 토지, 건물, 기계장치, 차량 운반구, 공구기구 비품, 건설 중인 자산 등이 있다. 토지와 건물은 우리나라 사람이 제일 좋아하는 것이므로 말 안 해도 잘 알 것이다. 회사 사옥, 연수원, 공장 등이 토지와 건물이라고 볼 수 있다. 구축물은 사람이 오랫동안 머무르지 않는 공간으로 기지국, 수로, 펌프 시설 등이 있다. 기계장치는 생산장치, 가공장치, 냉동장치 등이 있다. 차량 운반구는 자동차와 오토바이, 공구기구 비품은 계측기, 사무용 비품은 컴퓨터, 집기 등이다. 건설 중인 자산은 만들어지고 있는 자산을 말한다. 회사 사옥을 짓고 있다면 건설 중인 자산에 속한다.

유형자산은 우리 몸처럼 시간이 지나고 사용하면 할수록 노후화된다. 나는 아침에 거울 속 내 몸을 보며 "내 유형자산이 감가상각이 많이 됐구나"라고 이야기한다. 유형자산은 노후화로 가치가 감소하는 만큼 비용이 발생하는데 그게 감가상각비다. 유형자산마다 사용하는 기간이 정해져 있어서, 유형자산을 구입한 금액을 사용하는 기간(내용연수)으로 나눠서 그만큼 감가상각비로 비용을 잡는다. 감가상각비를 구하는 공식은 '취득원가÷내용연수'다.

무형자산

무형자산에는 영업권, 산업재산권, 개발비, 소프트웨어, 회원권이 있다. 무형자산에 영업권이 있으면 '아, 어떤 회사를 비싸게 인수했구나' 생각하자. 영업권은 일종의 권리금 같은 것이다. 장사가 잘되는 가게를 팔 때면 권리금을 요구한다. 권리금에는 손님 수,

인테리어 비용, 명성, 가게 위치 등 미래 수익성이 포함된다. 순자산의 공정가치에서 사업의 미래 수익성을 고려해 추가로 대가를 지불하는데 추가금이 바로 영업권이다. 예를 들면 가치가 1000억 원인 회사가 있는데 1500억 원을 주고 인수했다. 그럼 가치보다 많이 준 웃돈 500억 원이 영업권이다.

산업재산권에는 우리가 지적재산권이라 부르는 특허권, 실용신안권, 디자인권, 상표권 등이 있다. 개발비는 회사에서 판매 또는 신기술을 위해 자체 개발한 비용이다. 그렇지 않은 경우는 모두 경상개발비라는 비용으로 처리된다. 소프트웨어는 업무에 필요해서 구입한 소프트웨어, 회원권은 콘도, 각종 시설 회원권, 골프장 회원권 등이 있다.

무형자산은 유형자산과 달리 형태가 없다. 그래서 평생 주구장창 쓸 수 있을 것 같지만 아니다. 무형자산도 사용하는 기간을 둔다. 대신 감가라는 말은 빼고 상각이라는 표현을 쓴다. 유형자산이 우리 몸이라면, 무형자산은 우리 뇌라고 생각하자. 나는 "하도 공부를 안 하니까 다 상각돼서 아이디어가 안 나오지" 이런 표현을 가끔 쓴다.

투자자산

투자자산은 회사의 매출과 별개로 투자수익을 목적으로 구입한 자산이다. 쉽게 말해 재테크하는 자산이다. 장단기금융 상품 또는 주식이나 채권, 펀드 같은 금융자산, 투자부동산이 있다. 투자부동산은 팔아서 차익을 얻거나 임대를 해서 임대수익을 올리는 부동산이다. 투자자산에는 비유동자산만 아니라 1년짜리 재테크인 유동자산도 포함된다.

다음 표에서 자산의 세부계정을 살펴보자.

분류			계정과목	설명
자산	유동자산	당좌자산	현금	금고에 있는 돈
			당좌예금	수표를 은행에 내면 약속 한도 내에서 돈을 주는 예금
			보통예금	보통, 입출금, 자유예금 등 은행통장에 있는 돈
			정기예·적금	정기예·적금 은행통장에 있는 돈
			단기매매증권	단기간에 매매 차익을 얻기 위해 투자한 증권
			매출채권(외상매출금)	상품 또는 제품을 팔고 돈은 아직 못 받음
			매출채권(받을어음)	상품 또는 제품을 팔고 어음으로 받음
			단기대여금	1년 이내 돌려받기로 하고 타인에게 돈을 빌려줌
			미수금	상품 또는 제품을 제외한 것을 팔고 아직 돈은 못 받음
			선급금	상품 주문 시 일부 대금을 계약금으로 미리 줌
			부가세대급금	물품 구입 또는 서비스를 제공받고 부담한 부가가치세

			선급비용	보험료, 임차료 등 1년 치 돈은 미리 내고 달마다 비용 처리
		재고자산	상품	다른 곳에서 사온 것 또는 백화점, 마트, 아웃렛 등 도소매업의 매입 상품
			제품	직접 만든 것, 스마트폰, 반도체, 김치냉장고 등 제조업의 완성 제품
			재공품	컨베이어 벨트 위에서 만들어지고 있는 제품
			원재료	제조업의 제품을 만들기 위한 원재료
			미착품	자산을 구입했으나 아직 도착하지 않은 상품 및 제품
		투자자산	장기성예금	1년 초과 예치하는 예금, 은행통장에 있는 돈
			만기보유증권	만기까지 보유하는 채권 또는 주식
			매도가능유가증권	투자를 목적으로 취득한 처불한 가능성 있는 주식이나 채권
			지분법적용투자주식 (또는 관계기업 및 공동기업 투자주식)	지분 20~50% 취득하여 경영에 영향을 미칠 수 있는 주식
			투자부동산	시세 차익을 얻기 위해 보유하고 있는 부동산
			퇴직연금운용자산	임직원 퇴직금을 쌓기 위한 퇴직연금

비유동자산	유형자산	토지	회사가 사용하는 토지
		건물	사무실, 공장, 창고 등 회사가 소유하고 사용하는 건물
		구축물	건물이 아닌 각종 시설
		기계장치	제조업에서 사용하는 가공장치
		공구기구 비품	계측기, 책상, 컴퓨터, 복사기 등 공구기구 비품
		차량 운반구	업무의 목적을 가진 자동차, 오토바이
		건설 중인 자산	유형자산이 완성되기 전의 자산
	무형자산	영업권	회사를 비싸게 인수한 웃돈
		특허권	특허법에 의해 발명을 독점적으로 이용할 수 있는 권리
		상표권	등록한 상표를 상품에 독점적으로 사용할 수 있는 권리
		실용신안권	등록한 실용신안을 독점적으로 사용할 수 있는 권리
		소프트웨어	업무를 지원하는 고가의 소프트웨어 구입
		회원권	콘도, 골프장 등 회원권
		개발비	판매 또는 신기술을 위해 자체 개발한 개발비용

04

부채는 바람 같은 존재다

와타나베 와타루가 그린 《겁쟁이 페달》은 자전거 로드레이스 만화다. 애니메이션 오타쿠인 주인공이 자전거 로드레이스를 접하면서 자전거의 매력에 푹 빠지는 스토린데, 만화를 보고 나면 자전거를 타고 싶어질 정도로 흥미진진하다. 로드레이스에서 가장 중요한 기술은 바람을 잘 타는 것이다. 바람이 뒤에서 불어오면 바람을 타고 가속할 수 있다. 하지만 맞바람이 불어오면 평소보다 힘이 배가 든다. 그럴 경우 동료 선수를 이용해서 바람을 피하는 기술도 중요하다.

부채는 바로 바람 같은 존재다. 회사가 앞으로 나아가도록 밀어주지만, 너무 많이 불 경우 회사가 날아가버릴 수도 있다. 남의 돈인 부채는 언젠가 회사에서 나갈 현금이다. 나갈 현금을 생각하지 못하고 내 돈 쓰듯 부채를 잘 관리하지 못하면 유동성 위기가 와서 살아남지 못한다.

유동부채와 비유동부채

부채에도 자산처럼 유동부채, 비유동부채가 있다. 자산과는 반대로 1년 이내에 갚아야 할 경우 유동부채, 1년을 초과해서 갚아야 할 경우 비유동부채로 구별한다.

부채
유동부채
매입채무
미지급금
미지급비용
선수금
단기차입금
비유동부채
장기차입금
사채

1년 이내에 갚아야 할 유동부채에서 매입채무와 미지급금은 둘 다 외상으로 물건을 사고 줄 돈이다. 예를 들어 파인애플사가 파이폰을 제조하기 위해 부품을 구입하고 나중에 주기로 한 돈은 매입채무(외상매입금, 지급어음)이다. 반면 스마트폰 관련 제품이나 원재료

가 아닌 그 외의 것을 구입하고 나중에 주기로 한 돈은 미지급금이다. 즉 회사의 주된 영업활동과 관련되어 있으면 매입채무, 관련이 없으면 미지급금이다.

앞에서 유동자산에서 배운 매출채권이 고객에게 받을 돈이라면 유동부채의 매입채무는 협력업체에게 줄 돈이다.

매입채무는 지급기일을 지키는 게 좋다 vs 늦게 주면 줄수록 좋다

매입채무는 유동자산의 매출채권, 미지급금은 유동자산의 미수금과 반대의 항목이다. 매출채권과 미수금의 경우 빨리 받아내면 회사에 현금이 들어오므로 좋지만, 매입채무와 미지급금은 회사에서 현금이 나가는 것이므로 적정한 지급기일을 지켜주는 것이 좋다. 회사는 매입채무를 어음으로 지급할 수도 있는데 이를 지급어음이라고 한다.

우리 회사의 매입채무와 미지급금은 상대 회사의 현금 유동성에 엄청난 영향을 끼친다. 상대 회사에겐 매출채권, 미수금이 되기 때문이다. 따라서 정부는 대기업의 대금 지급을 현금 결제 또는 어음 만기 단축으로 유도한다. 대금 지급을 제대로 지키지 않는 회사는 '갑질'하는 악덕 회사가 된다. 하지만 회사의 현금흐름을 관리하는 입장에선 이자비용이 없는 매입채무를 늦게 주면 줄수록 현금흐름이 좋아진다.

애플의 팀 쿡은 재고를 효율화하면서 매입채무를 최대한 늦게 지불할 수 있도록 지급조건을 조율했다. 받을 돈을 빨리 받고 줄 돈은 늦게 주는 건데 회사에 현금이 머무르는 시간이 길어지므로 자금 운영이 유리해진다. 애플이나 아마존같이 강력한 경쟁우위를 가진 회사들은 자사에 유리한 현금흐름을 만든다. 현금이 많고 흐르는 속도가 빨라지면 주주들에게도 좋다. 배당도 할 수 있고, 자사주 소각 같은 주주환원정책을 펼칠 수 있다. 회사의 현금흐름이 좋지 않다면, 파트너사와 매입채무 지급조건을 조율하는 것도 중요하겠다.

미지급금과 미지급비용

그런데 미지급금과 몹시 헷갈리는 유동부채 계정이 하나 있다. 바로 '미지급비용'이다. 이 둘은 돈을 주기로 한 날이 정해져 있는지 여부로 간단하게 구별할 수 있다.

미지급금은 주된 영업활동과 상관없이 구입하거나 서비스를 제공받고 돈을 지급하기로 한 것이다. 물품대금, 용역료, 광고료 등이 해당한다. 반면 용역을 계속 제공받고 있거나 돈을 주기로 한 날이 아직 남았을 때는 미지급비용으로 처리한다. 아직 내지 않은 통신료나 전기료, 지급하지 않은 직원들의 월급이 미지급비용에 해당한다.

미지급금은 금액이 확정되고 이미 끝난 것, 미지급비용은 금액이 확정되지 않고 계속되는 것이라고 구별하면 된다.

선수금

선수금은 미리 받은 돈으로 계약금 또는 착수금으로 보면 된다. 일반적으로 물건 주문이 들어오면 일정 금액을 받은 후 물건 제작을 시작한다. 그런데 물건 제작에 실패하거나 판매할 수 없는 경우에는 그 돈을 다시 돌려줘야 한다. 따라서 선수금은 부채 계정에 해당한다. 그럼 계약대로 제품과 서비스를 제공했다면 어떻게 될까? 부채 계정에서 선수금 금액은 사라지고 손익계산서 매출액에 금액이 기록된다. 매출로 가는 부채 계정이니 얼마나 좋은가.

대표적인 수주업체인 조선업, 건설업은 선수금의 선수들이다. 이들에게 선수금은 매우 좋은 부채다. 조선사가 주문을 받고 선수금을 받으면 배를 만들기 시작하니까 말이다. 선수금이 많다는 것은 조선업계가 호황이라고 보면 된다. 만남 주선업체 듀오 가입비도 선수금이고, 스타벅스 기프트카드도 선수금이고, 신세계백화점 상품권도 선수금이다. 우리 월급도 선수금이면 얼마나 좋을까? 1년 치 결제하고 몇 번 가고 마는 헬스장 연회비도 선수금이다.

차입금과 사채

차입금은 빌린 돈, 일명 대출이라고 한다. 회사는 은행에서 돈을 빌리는 경우가 가장 많다. 〈범죄도시〉 마동석이 떠오르는 무시무시한 이름을 가진 사채는 회사가 자금을 모을 목적으로 발행한 회사채를 말한다. 국내 대부분의 회사채는 상환 만기가 1년이 넘는다. 회사채 신용등급에 따라 만기가 다른데, 신용등급이 낮은 건 2년,

높은 건 9년이 넘는다. 신용등급이 높을수록 믿고 맡긴다는 거다.

다시 차입금 이야기를 해보자. 1년 이내 갚아야 한다면 단기차입금, 1년을 초과하면 장기차입금이다. 단기차입금은 태어날 때부터 만기 1년으로 유동부채 마을에서 태어났고, 장기차입금은 만기 1년 초과로 비유동부채 마을에서 태어났다.

그런데 유동부채 마을에 낯선 친구가 있다. 유동성 장기차입금이다. 이 친구를 설명하자면, 예를 들어 2022년 12월 31일 현재, 2023년 1월 15일까지 갚아야 할 돈이 있다면 유동부채-단기차입금, 2024년 1월 15일까지 갚아야 할 돈이라면 비유동부채-장기차입금이 되는 것이다. 1년이 지나 2023년 12월 31일이 되면 2024년 1월 15일까지 갚아야 할 돈이었던 비유동부채-장기차입금이 유동부채로 자리를 옮긴다. 비유동부채 마을에 살았던 장기차입금이 유동부채 마을로 가면 얼마나 눈치 보일까. 그래서 성을 바꾼 것이다. 유동'성'으로. 그리하여 유동성 장기차입금이 된다. 비유동부채에 있던 사채와 장기차입금이 유동부채로 넘어 오면 유동성 장기부채로 묶어 표시하기도 한다.

차입금은 신경 써서 관리해야 하는 계정이다. 많은 회사들이 대출금을 갚지 못해 무너지기 때문이다.

조심해야 할 회사는 유동자산은 적고 유동부채는 많으며 그중에서도 차입금 비중이 높은 회사다. 예를 들어 1년 이내 만들 수 있는 돈은 10억 원인데, 1년 이내 갚아야 할 돈은 15억 원이라면 문제가 있는 거다. 회사는 차입금 상환을 위해 상환 계획을 세운다. 그래서 주석을 통해 어디서 돈을 빌렸고, 금리는 얼마며, 어떻게 상환할 것인지 공개해야 한다. 따라서 주식투자를 하거나 이직을 고려하고 있다면 이 항목들을 꼼꼼히 살펴봐야 한다. 그리고 단기차입금, 장기차입금, 사채, 유동성사채 및 장기차입금 등 총차입금을 구해서 자산에서 얼마나 비중을 차지하는지 보는 차입금 의존도를 꼭 확인해야 한다. 차입금 의존도가 20~30% 미만이면 적정하고, 40% 이상이면 위험하다. 예를 들어 총차입금이 50억 원인데 자산이 100억 원이면 차입금 의존도는 50%가 된다. 무척 위험한 상태다!

다음 표에서 부채의 세부계정을 살펴보자.

분류		계정과목	설명
부채	유동부채	매입채무 (외상매입금)	제품이나 원재료 등을 구입하고 돈을 아직 주지 않음
		매입채무(지급어음)	제품이나 원재료 등을 구입하고 어음으로 지급
		예수금	근로소득세, 4대 보험 등을 미리 받아둠
		부가세예수금	매출 시 발생한 부가가치세를 매입자로부터 미리 받아둠
		선수금	제품을 보내기 전 대금의 일부를 계약금으로 미리 받음

		단기차입금	1년 이내에 상환해야 할 차입금
		미지급금	제품이나 원재료를 제외한 물건을 구입하고 돈을 아직 주지 않음
		미지급비용	서비스를 제공받았지만 지급기일이 되지 않아 돈을 아직 주지 않음
		선수수익	돈은 받았지만 아직 수익 인정되지 않음
	비유동부채	사채	회사가 자금을 모을 목적으로 1년 이후에 상환 예정인 회사채
		장기차입금	1년을 초과하여 상환해야 할 차입금, 은행 대출금
		판매보증충당부채	제품 판매 후 AS를 대비해서 적립한 부채
		퇴직급여충당부채	퇴직금 지급에 대비해서 적립한 부채

05

자본은 회사의 튼튼한 빽이다

자본
자본금
자본잉여금(주식발행초과금)
이익잉여금

　내 돈인 자본이 많으면 사업을 할 때 참 든든하다. 보통 매출이 0원이라도 6개월을 버틸 돈이 있어야 사업을 할 수 있다고들 말한다. 반대로 갚아야 할 돈인 부채가 많으면 늘 불안하고 초조하다.

자본금은 사업 밑천이다

　자본금은 사업을 시작할 때 회사에 납부한 돈이다. 사업 밑천이라고 보면 된다.

내가 운영하는 회사인데 회사에 돈을 납부하다니? 내 이름이 아니라 사업자의 이름으로, 회사의 이름으로 돈을 쓰기 위해서 자본금을 납부하는 것이다.

법인을 설립하는 데 자본금은 최소 얼마나 들까? 2009년 이전엔 주식회사는 5000만 원, 벤처기업은 2000만 원이었지만, 지금은 100원으로도 법인 설립이 가능하다. 대표는 자본금과 주식 액면가를 정하면 주식수가 자동으로 정해진다. 주식 액면가는 보통 500원으로 한다. 회사 규모를 키우기 위해서 주식을 상장하면 주식을 판매한 금액은 자본금으로 들어온다. 물론 주식 판매 금액 전부가 자본금으로 들어오는 것은 아니다. 이를테면 주식 액면가가 100원인데 공모금액이 1000원일 경우, 100원은 자본금계정으로, 나머지 900원은 주식발행초과금이라는 계정으로 들어온다. 주식발행초과금이 자본잉여금의 대표선수다. 주식발행 또는 처분과 관련해서 이익이 나면 자본잉여금에 쌓인다. 자본금과 주식발행초과금을 합쳐서 납입자본이라고 한다. 자본을 볼 때 납입자본이 얼마인지 확인하자!

이익잉여금은 현금이 아니다

이익잉여금은 자본에서 가장 중요한 계정이다. 손익계산서 회계등식(수익-비용)에서 남은 이익은 자본으로 간다고 했다. 자본금으로 자산을 구입해서 돈을 벌면(수익), 사용한 금액(비용)과 세금을 뺀 최종적으로 손에 쥐는 몫이 당기순이익인데 이 이익이 이익잉여금 계정으로 들어간다.

연봉 2500만 원 직장인이 10년 동안 월급을 아끼고 아껴서 1억을 모았다면, 1억이 이익잉여금이 된다. 주식을 상장한 회사는 해당 연도 이익에서 주주들에게 배당금을 지급하고 남은 이익을 불확실한 미래와 신규사업을 위해서 이익잉여금으로 쌓아놓는다. 배당 내역을 보고 싶다면 주석에서 이익잉여금 처분계산서 중 배당금을 보면 된다.

그런데 이익잉여금을 현금과 혼동하는 경우가 많다. 당신이 월급 인상을 위해 노조 대표로 협상 테이블에 앉은 노조위원장이라고 생각해보자. 회사가 망할 지경인데 월급을 인상해달라고 할 수는 없다. 하지만 회사가 분명 꾸준히 성장하고 있는데 월급은 동결이라면, 회사의 재무상태를 분석해 직원들의 월급을 인상할 수 있는 요소를 찾아내야 한다. 이익잉여금은 회사의 이익이 계속 쌓여온 계정이므로 금액이 상당히 많다. 그래서 이익잉여금을 현금으로 오해하고 협상을 하는 경우가 많은데, 사측에서는 콧방귀를 뀌기 마련이다.

이익잉여금은 현금이 아니다. 잘 이해가 안 된다면 회계등식을 다시 떠올려보자.

자산＝부채＋자본

자산은 남의 돈인 부채와 내 돈인 자본으로 구입한다. 하지만 자본은 실제로 존재하는 자산과 부채와는 달리 실체가 없는, 자산과 부채의 차액일 뿐이다. 실재하지 않기 때문에 이익잉여금이 자산처럼 현금인지, 매출채권인지, 유·무형자산인지 알 수 없다. 그래서 이익잉여금으로 협상을 하면 안 된다.

그렇다면 무엇을 가지고 급여 인상 협상을 해야 할까? 바로 자산이다. 예를 들어 유동자산을 보고 "현금이 많다, 왜 이렇게 많은 현금을 쌓아두고 있는가? 월급을 인상해달라!" 또는 매출채권이나 재고자산이 많다면 "매출채권을 빨리 회수해 현금을 확보하고 월급을 인상해달라!", "창고 대방출 같은 행사를 통해 재고자산을 정리해 현금을 확보해서 월급을 인상해달라!" 또는 "회사에 불필요한 비유동자산이 있으니 매각을 통해 현금을 확보해서 월급을 인상해달라!"라고 요구해야 한다.

예전에 한 TV 고발 프로그램에 학생들 등록금으로 컨벤션센터를 지어 수익을 얻고 있는 대학이 나왔다. 대학은 강연 환경을 향상시키기 위해서라고 했지만, 학생들은 그곳에서 1년에 한두 번 강연을 들을까 말까 하니 불필요하다고 목소리를 높였다. 알고 보니 대학이 기업 신입사원 연수나 각종 교육 프로그램, 이벤트 등에 공간을 제공하고 돈을 받는 사업을 하고 있었던 것이다. 그렇다면 어떻게 해야 할까? 대학의 재무제표를 꼼꼼히 살펴 대학과 전혀 상관없는 자산들을 팔아서 현금화하든지, 컨벤션센터 수익으로 등록금을 인하하라고 요구해야 한다.

기타자본항목

기타자본항목에는 자기주식이 있다. 회사는 자기 돈으로 자기주식을 사는 경우가 있는데, 이를 자기주식 취득(또는 자사주 매입)이라고 한다. 회사는 의결권도 없는 자기 주식을 생돈을 쓰면서 왜 사는 걸까? 자기주식을 사는 이유는 스톡옵션(임직원에게 주는 회사 주식을 싸게 살 수 있는 권리)을 지급하기 위해서, 자사주 소각을 통해 주 주가치를 높이기 위해서, 주가하락을 방지하기 위한 주가관리를 위해서, 대주주의 지분율을 높이기 위해서 등 여러 가지가 있다. 애플의 경우 2012년부터 2022년까지 자기주식을 사는데 5720억 달러(약 742조 원)를 썼다. 그리고 주식을 찢어 없애는 자사주 소각을 통해 주가를 높였다. 현재 코스피에 상장한 모든 기업을 합쳐도 애플 시가총액의 절반밖에 되지 않는다. 기업이 자기주식을 사고 있다면 이유가 뭔지 확인하자!

다음 표에서 자본의 세부계정을 살펴보자.

분류			계정과목	설명
자본	납입자본	자본금	자본금	회사 창업 시 납입한 자본금 또는 발행주식의 액면 총액
		자본잉여금	주식발행초과금	주식발행 시 액면 금액보다 많은 금액으로 발행해서 생긴 차액
			자기주식처분이익	자기주식을 처분했을 때 발생한 차액
	이익잉여금	이익잉여금	법정준비금	재무 안정화를 위해 강제적으로 적립

		임의적립금	기업이 사업을 위해 자율적으로 적립
		미처분이익잉여금	경영활동으로 벌게 된 이익으로 사내에 유보
기타자본 항목	자본조정	자기주식	회사가 발행한 주식을 회사가 주주로 매입하고 있는 주식
		주식할인발행차금	주식발행 시 액면 금액보다 적은 금액으로 발행해서 생긴 차액
		자기주식처분손실	자기주식을 처분했을 때 발생한 손실

06
우리 회사의
재무상태를 분석해보자

우리 회사 재무상태는 과연 괜찮을까? 병원에 가면 누구나 혈압을 재볼 수 있다. 몸이 건강한 사람은 심장 박동이 안정적으로 뛰어서 혈압 수치가 정상으로 나타난다. 심장이 안정적으로 뛰어야 하는 것처럼 재무상태표에서 가장 중요한 것은 '안정성'이다. 돈을 벌 수 있는 자산이 많다고 해서 무조건 안정적인 회사는 아니다. 회사를 운영할 수 있는 자금이 충분하고, 무엇보다 돈을 잘 갚을 수 있어야 안정적인 회사라고 할 수 있다.

"유당부 200 100 100." 이렇게 외우면 우량한 회사인지 아닌지를 파악할 수 있다.

유동비율
유당부의 첫 번째 유! 유동비율이다. 유동비율 200% 이상인지 먼저 살펴보자!

재무상태표를 통해 1년 이내 만들 수 있는 돈과 1년 이내 갚아야 할 돈의 비율을 보면 회사의 유동성을 파악할 수 있다. 이것을 '유동비율'이라고 하는데, 회사의 재무 안정성을 평가하는 첫 번째 척도다. 이걸로 1년 이내에 돈을 갚는 능력인 단기유동성을 체크할 수 있다.

먼저 유동자산(유자)을 보고 유동부채(유부)를 보자. 이른바 '유자유부'가 유동성을 평가하는 대표적인 방법이기 때문이다. 가장 적정한 수준은 유동자산이 유동부채보다 커야 한다. 즉 유동부채가 10억 원이라면 유동자산은 10억 원 이상이어야 한다. 기업이 망하는 이유는 유동부채, 1년 이내에 갚을 돈을 감당 못 해서 망한다.

유동비율이 높을수록 돈을 잘 갚을 수 있고, 낮으면 돈을 잘 못 갚는다. 유동비율이 200% 이상이라는 건 유동자산이 유동부채보다 2배 이상 많다는 이야기이므로 유동비율이 200% 이상인 회사는 유동성이 굉장히 풍부한 회사다.

$$유동비율＝유동자산÷유동부채×100$$

당좌비율

유당부의 두 번째 당! 당좌비율이다. 당좌비율 100% 이상인지 살펴보자!

1년 이내에 돈을 갚을 수 있는 능력인 단기유동성을 좀 더 엄격한 수준으로 보고 싶다면 당좌비율을 구하면 된다. 당좌비율을 구할 때는 유동자산에서 재고자산을 빼야 한다. 재고자산의 경우 판매와 대금 회수를 거쳐야 하므로 현금화에 시간이 많이 걸리기 때문이다. 당좌자산(현금 그 자체인 자산, 매출채권 등)은 회사가 마음만 먹으면 당장 현금화시킬 수 있는 자산이다. 당좌자산이 유동부채와 같거나 그 이상이면 당좌비율 100% 이상이다. 유동부채가 10억 원이라면 당좌자산은 10억 원 이상이 돼야 하는 것이다.

당좌비율＝당좌자산÷유동부채×100

당좌자산이 200억, 유동부채가 200억이라면 당좌비율이 100%다. 당좌비율이 100%면 유동성이 무척 좋은 것이다. 당좌비율은 가장 현금화가 빠른 자산으로, 1년 안에 갚아야 할 부채를 얼마나 감당할 수 있는지 엄격하게 안정성을 따져보는 평가 방법이다.

유동비율 200% 이상, 당좌비율 100% 이상인 기업은 망하고 싶어도 망하기 힘들다.

부채비율

유당부의 마지막 부! 부채비율이다. 자산 중 갚을 돈인 부채가 얼마나 있는지 보는 부채비율로, 장기적인 재무 안정성을 따져볼 수 있다. 내 아파트가 내 돈으로 산 게 아니라 대부분 은행에서 '영끌'한 돈이면 얼마나 불안할까? 게다가 금리까지 올라가면?

부채비율=부채총계÷자본총계×100

부채비율이 100% 미만인지 살펴보자.

부채가 100억, 자본도 100억일 경우 부채비율은 100%다. 100%보다 낮으면 내 돈이 갚을 돈보다 많으므로 안정성이 높고, 100%보다 높으면 내 돈이 갚을 돈보다 적으므로 안정성이 떨어진다. '100% 넘으니 무조건 안 돼'라는 이야기는 아니다. 보통 180%까지는 괜찮다고 본다.

그럼 망할 수 있는 기업은 '유당부'가 어떻게 될까? 유동비율 50% 미만, 당좌비율 30% 미만, 부채비율 200% 이상이다. 업종마다 다를 수 있지만 국내 기업의 70%는 제조업인데 제조업의 경우는 유당부가 중요하다.

이제 다음 예의 재무상태표로 이 회사의 안정성을 따져보자.

재무상태표	
유동자산 220	부채총계 150
당좌자산 120	유동부채 100
재고자산 100	비유동부채 50
비유동자산 230	자본총계 300
자산총계 450	부채와 자본 450

유동비율: 유동자산 220 ÷ 유동부채 100×100=220%

당좌비율: 당좌자산 120 ÷ 유동부채 100×100=120%

부채비율: 부채 150 ÷ 자본 300×100=50%

평가: 유동비율 200% 이상인 220%, 당좌비율 100% 이상인 120%, 부채비율 100% 미만인 50%이므로 단기 유동성이 풍부해서 1년 이내 갚을 능력이 충분하다. 갚을 돈보다 내 돈이 많아서 부채비율이 낮은, 재무상태가 건강한 회사다.

07

실물로 보는 재무상태표

연 결 재 무 상 태 표

제 54 기 : 2022년 12월 31일 현재

제 53 기 : 2021년 12월 31일 현재

삼성전자주식회사와 그 종속기업

(단위 : 백만원)

과 목	주석	제 54 (당) 기		제 53 (전) 기	
자 산					
Ⅰ. 유 동 자 산			218,470,581		218,163,185
1. 현금및현금성자산	4, 28	49,680,710		39,031,415	
2. 단기금융상품	4, 28	65,102,886		81,708,986	
3. 단기상각후원가금융자산	4, 28	414,610		3,369,034	
4. 단기당기손익-공정가치금융자산	4, 6, 28	29,080		40,757	
5. 매출채권	4, 5, 7, 28	35,721,563		40,713,415	
6. 미수금	4, 7, 28	6,149,209		4,497,257	
7. 선급비용		2,867,823		2,336,252	
8. 재고자산	8	52,187,866		41,384,404	
9. 기타유동자산	4, 28	6,316,834		5,081,665	
Ⅱ. 비 유 동 자 산			229,953,926		208,457,973
1. 기타포괄손익-공정가치금융자산	4, 6, 28	11,397,012		13,965,839	
2. 당기손익-공정가치금융자산	4, 6, 28	1,405,468		1,525,344	
3. 관계기업 및 공동기업 투자	9	10,893,869		8,932,251	
4. 유형자산	10	168,045,388		149,928,539	
5. 무형자산	11	20,217,754		20,236,244	
6. 순확정급여자산	14	5,851,972		2,809,590	
7. 이연법인세자산	25	5,101,318		4,261,214	
8. 기타비유동자산	4, 7, 28	7,041,145		6,798,952	
자 산 총 계			448,424,507		426,621,158

삼성전자의 재무상태표다. 삼성전자의 기본 단위는 100만 원이므로 기본 쉼표가 2개가 있고, 숫자에 쉼표가 2개가 있다. 조 단위 숫자다. 쉼표 가장 앞자리로 끊어서 조로 읽으면 된다.

2022년 12월 31일 현재, 연결기준 삼성전자의 자산총계는 448조 원이다. 유동자산이 218조, 비유동자산이 230조다. 현금이나 다름없는 현금및현금성자산이 49.6조, 단기금융상품이 65.1조다. 합쳐서 114.7조가 현금과 예·적금에 있다. 여기에 현금화가 쉬운 재테크 자산인 단기금융자산이 0.4조, 장기금융자산이 12.8조까지 합치면, 128조 원으로 현금 및 현금화가 쉬운 자산이 총자산의 28.5%를 차지하고 있다.

총자산은 전년도인 2021년에 비해 21.8조가 늘었는데, 유동자산은 3000억 원 정도 늘었고 비유동자산이 21.5조 원이 늘었다. 유형자산이 18.1조 원이 늘었는데 반도체 사업 투자로 공장과 설비가 늘어난 것으로 보인다.

각 계정별 주석번호를 찾아가면 더 자세한 내용을 알 수 있다.

자산 중 가장 많이 증가한 비유동자산의 유형자산 주석에 들어가보니 유형자산에 투자된 금액이 55조 원에 달하는 걸 볼 수 있다. 하지만 표에는 유형자산이 18조 원 늘었는데? 이렇게 차이가 나는 이유는 유형자산 감가상각이 36조 원 정도 된 것 같다. 취득한 자산과 가치가 감소한 부분이 더하기 빼기 되면서 유형자산이 18조 원이 증가한 것이다.

10. 유형자산:

가. 당기 및 전기 중 유형자산의 변동 내역은 다음과 같습니다.

(1) 당기

(단위 : 백만원)

구　분	토지	건물및구축물	기계장치	건설중인자산	기타	계
기초장부금액	9,830,154	38,869,440	79,526,297	18,009,324	3,693,324	149,928,539
- 취득원가	9,943,570	62,651,459	274,909,571	18,009,324	11,958,070	377,471,994
- 감가상각누계액(손상 포함)	(113,416)	(23,782,019)	(195,383,274)	–	(8,264,746)	(227,543,455)
일반취득 및 자본적지출(*1)	138,925	5,302,095	31,010,080	16,675,741	2,100,119	55,226,960
감가상각	(49,516)	(3,533,917)	(30,761,685)	–	(1,606,980)	(35,952,098)
처분·폐기	(57,596)	(127,935)	(35,098)	(193)	(34,208)	(255,030)
손상(환입)	–	(2,255)	(11,815)	–	(12,323)	(26,393)
기타(*2)	30,200	199,490	(13,148)	(1,077,308)	(15,824)	(876,590)
기말장부금액	9,892,167	40,706,918	79,714,631	33,607,564	4,124,108	168,045,388
- 취득원가	10,024,569	67,713,808	303,000,627	33,607,564	13,248,490	427,595,058
- 감가상각누계액(손상 포함)	(132,402)	(27,006,890)	(223,285,996)		–	(9,124,382)	(259,549,670)

　　토지, 건물 및 구축물, 기계장치 등이 크게 늘었는데 공장 및 설비에 투자된 걸 볼 수 있다.

　　비유동자산-유형자산에 이어 가장 많이 증가한 자산은 유동자산-재고자산이다. 재고자산이 10.8조 원이 늘었다. 경기 침체와 반도체 업황이 안 좋아지면서 팔려고 만든 제품들이 쌓이고 있다. 재고자산이 안 팔리니 재고자산이 쌓이고 재고자산을 만들기 위해 들어간 돈을 회수할 수가 없다. 그럼 현금흐름이 좋아지지 않는다. 게다가 재고자산의 가치가 떨어지면서 평가충당금이 증가하는데, 삼성전자는 반도체 업황 악화로 판매가가 떨어지면서 재고자산의 가치가 떨어지고 가치하락분을 평가충당금에 쌓는다. 이럼 손익계산서에서 비용이 증가하면서 이익을 깎아 먹는다. 삼성전자의

8. 재고자산:

보고기간종료일 현재 재고자산의 내역은 다음과 같습니다.

(단위 : 백만원)

구 분	당기말			전기말		
	평가전금액	평가충당금	장부금액	평가전금액	평가충당금	장부금액
제품 및 상품	17,526,178	(1,493,952)	16,032,226	13,000,200	(719,621)	12,280,579
반제품 및 재공품	21,612,965	(1,535,446)	20,077,519	13,967,331	(493,713)	13,473,618
원재료 및 저장품	16,268,974	(1,289,694)	14,979,280	14,864,486	(679,645)	14,184,841
미착품	1,098,841	-	1,098,841	1,445,366	-	1,445,366
계	56,506,958	(4,319,092)	52,187,866	43,277,383	(1,892,979)	41,384,404

경우 재고자산 평가충당금이 2021년보다 2.4조 원이 증가했다. 그럼 비용 중 매출원가가 증가한다. 그만큼 이익은 줄어든다. 재고자산이 증가하면 기업에 정말 좋지 않다.

더 자세한 내용이 궁금하다면 '삼성전자 재고자산'을 검색해보자. 관련 기사들이 많이 나오므로 재무제표와 연결해서 읽어보면 된다.

이번에는 부채를 보자. '유자유부'가 기억나는가? 맨 먼저 유동자산을 보고 유동부채를 살펴보자.

1년 이내에 갚아야 할 유동부채는 78조 원이고, 1년 이내 현금화할 수 있는 유동자산은 2.8배가 넘는 218조 원이다. 충분히 갚고도 남으므로 아주 풍부한 단기 유동성을 유지하고 있다.

어떤 부채가 있는지 살펴보면 단기차입금 5.1조 원, 유동성장기부채 1조 원, 사채 0.5조 원, 장기차입금 3.6조 원으로 총 차입금은

부　　　채					
Ⅰ. 유 동 부 채			78,344,852		88,117,133
1. 매입채무	4, 28	10,644,686		13,453,351	
2. 단기차입금	4, 5, 12, 28	5,147,315		13,687,793	
3. 미지급금	4, 28	17,592,366		15,584,866	
4. 선수금	17	1,314,934		1,224,812	
5. 예수금	4, 28	1,298,244		1,294,052	
6. 미지급비용	4, 17, 28	29,211,487		27,928,031	
7. 당기법인세부채		4,250,397		6,749,149	
8. 유동성장기부채	4, 12, 13, 28	1,089,162		1,329,968	
9. 충당부채	15	5,844,907		5,372,872	
10. 기타유동부채	4, 17, 28	1,951,354		1,492,239	
Ⅱ. 비 유 동 부 채			15,330,051		33,604,094
1. 사채	4, 13, 28	536,093		508,232	
2. 장기차입금	4, 12, 28	3,560,672		2,866,156	
3. 장기미지급금	4, 28	2,753,305		2,991,440	
4. 순확정급여부채	14	268,370		465,884	
5. 이연법인세부채	25	5,111,332		23,198,205	
6. 장기충당부채	15	1,928,518		2,306,994	
7. 기타비유동부채	4, 17, 28	1,171,761		1,267,183	
부 채 총 계			93,674,903		121,721,227

10.2조 원이다. 차입금 의존도가 2.3% 정도다. 차입금 때문에 일어
날 문제는 없을 정도로 미미한 수준이다. 총차입금을 빼고는 대부
분 원재료를 외상으로 산 매입채무, 유형자산을 사고 아직 지급하
지 않은 미지급금, 직원 월급이나 전기료 같은 미지급비용, 충당부
채 같은 당연한 부채들이 대부분이다.

　결과적으로 삼성전자의 부채는 총차입금 10.2조 원이 전부라고
할 수 있다.

　자본에서는 이익잉여금이 전년보다 44.8조 원이 증가했다. 손

자 본					
지배기업 소유주지분			345,186,142		296,237,697
Ⅰ. 자본금	18		897,514		897,514
1. 우선주자본금		119,467		119,467	
2. 보통주자본금		778,047		778,047	
Ⅱ. 주식발행초과금			4,403,893		4,403,893
Ⅲ. 이익잉여금	19		337,946,407		293,064,763
Ⅳ. 기타자본항목	20		1,938,328		(2,128,473)
비지배지분	31		9,563,462		8,662,234
자 본 총 계			354,749,604		304,899,931
부 채 와 자 본 총 계			448,424,507		426,621,158

익계산서를 보지 않아도 흑자가 났음을 알 수 있다. 자본총계는 354.7조 원이다. 재무 안정성을 따져보는 부채비율을 보면 부채가 93.6조 원, 자본이 354.7조 원으로 부채비율이 26.4%다. 이 정도면 무차입경영이라고 봐도 된다. 부채비율이 100% 미만만 돼도 양호 한데 삼성전자는 빚이 거의 없는 거나 마찬가지다. 관리에 뛰어난 글로벌 회사답게 삼성전자는 재무 안정성이 무척 높은 회사다.

2장

이것이 손익계산서다

손익계산서

과목
1. 매출액
2. 매출원가
3. 매출총이익(1-2)
4. 판매비와 관리비
5. 영업이익(3-4)
6. 기타수익
7. 기타비용
8. 지분법손익(관계 및 공동 기업 투자손익)
9. 금융수익
10. 금융비용
11. 법인세비용차감전순이익(5+6-7+8+9-10)
12. 법인세비용
13. 당기순이익(11-12)

01

회사의 먹고사니즘, 손익계산서

"왜 일을 하세요?" 하고 물으면 대부분 "먹고살려고요"라고 답한다. 일을 해야 월급을 받을 수 있고, 그 월급으로 살아가는 데 필요한 것들을 살 수 있다. 이렇게 먹고사는 것에만 집착하는 것을 '먹고사니즘'이라고 한다. 손익계산서는 회사의 '먹고사니즘'을 낱낱이 보여준다. 회사의 먹고사니즘 공식, 손익계산 공식을 보자.

수익-비용=이익

번 돈인 수익에서 벌기 위해 쓴 돈인 비용을 빼면 남은 돈인 이익이 나온다. 단순하지 않은가? 손익계산서는 회사가 얼마나 벌었고, 벌기 위해 얼마나 썼으며, 그래서 얼마 남겼는지를 보여준다. 그리고 이익은 자본의 이익잉여금으로 들어간다. 손익계산서는 회사의 자본이 증가하고 감소하는 것을 설명해주는 내역서라고 볼 수 있다. 아래 수익비용 패턴을 기억하자!

수익>비용=이익, 자본이 증가한다.
수익<비용=손실, 자본이 감소한다.

우리는 이미 수익, 비용, 이익이라는 말을 일상에서 자주 사용하고 있다. 그래서 재무상태표보다 손익계산서를 읽는 것이 더 친근하고 쉽다. 손익계산서를 보면 회사가 수익을 잘 내고 있는지(수익성), 돈을 벌어주는 자산을 효율적으로 잘 사용하고 있는지(활동성), 얼마나 성장하고 있는지(성장성)를 알 수 있다.

02

손익계산서 실루엣 살펴보기

손익계산서

과목
1. 매출액
2. 매출원가
3. 매출총이익(1-2)
4. 판매비와 관리비
5. 영업이익(3-4)
6. 기타수익
7. 기타비용
8. 지분법손익(관계 및 공동 기업 투자손익)
9. 금융수익
10. 금융비용
11. 법인세비용차감전순이익(5+6-7+8+9-10)
12. 법인세비용
13. 당기순이익(11-12)

손익계산서의 실루엣은 무척 단순해서 회계를 몰라도 누구나 읽을 수 있다. 번 돈에서 쓴 돈을 빼고 남은 돈을 확인하는 구조인데, 4가지로 확인할 수 있다.

- 매출총이익에서 제품 팔아서 얼마 남았나?
- 영업이익에서 영업활동에서 얼마 남았나?
- 법인세비용차감전순이익에서 영업활동과 영업외활동 모두 합쳐서 얼마 남았나?
- 당기순이익에서 세금까지 빼고 최종적으로 얼마 남았나?

손익계산서를 볼 때 매출총이익, 영업이익, 법인세비용차감전순이익, 당기순이익을 중심으로 보자.

매출액(수익)

손익계산서의 머리는 매출액이다. 사람의 몸에서 머리가 가장 중요하듯이 손익계산서에서는 매출액이 가장 중요하다. 매출액을 보통수익 또는 영업수익이라고 말하는데, 회사의 정관에 기록된 영업활동으로 발생한 수익이기 때문이다.

영업활동으로 꾸준히 돈을 벌어야 회사는 안정성을 갖게 된다. 프리랜서가 힘든 이유는 직장인처럼 매달 고정적으로 발생하는 영업수익(월급)이 없어서다. 매출액은 이렇게 회사의 먹고사니즘에 지대한 영향을 끼친다. 번 돈이 없으면 쓸 돈도 없고, 돈을 벌어주는 자산도 살 수 없다. 아무리 비용을 아낀다고 해도 매출이 발생하지 않으면 아무 소용이 없는 것이다.

매출액이 손익계산서의 꼭대기에 있는 이유도 여기 있다. 매출액을 보고 회사가 얼마나 수익을 내고 있는지, 자산을 잘 쓰고 있는지, 성장하고 있는지 평가할 수 있다. 그래서 회사는 매출 목표를 설정하고 이를 달성하기 위해 사활을 건다. 직장인이라면 내가 다니는 회사가 어떤 매출을 일으키고 있는지 관심을 가져야 한다. 업종별로 어떤 매출이 중요한지 다음 표를 참고하자.

업종별 매출

	금융	제조	수주	유통	서비스
해당산업	은행, 증권, 보험 등	자동차, 정보기술, 철강 및 금속, 정유 및 유화, 의류, 제약 등	조선, 건설, 기계 등	백화점, 면세점, 홈쇼핑 등	게임, 의료, 관광, 방송 및 콘텐츠, 광고, 회계 서비스 등
대표매출	이자 수익, 수수료 수익	제품	제품	상품	서비스
대표기업	KB국민은행, 삼성생명	삼성전자, 현대자동차, 포스코홀딩스, 유한양행	삼성물산, HD한국조선해양, 한화에어로스페이스	신세계, 롯데쇼핑, 현대백화점, GS리테일, 이마트, 쿠팡	엔씨소프트, 삼성병원, 제일기획, 삼일회계법인

매출액, 즉 수익의 세부 계정을 살펴보자.

		계정과목	설명
수익	매출	상품매출	마트, 백화점 등 도·소매업에서 상품을 판매하고 번 돈
		제품매출	제조업에서 제품을 제조해서 번 돈
		공사수입금	건설업에서 건설하고 번 돈
		임대료수입	임대업에서 부동산, 차량, 기기 등을 임대해주고 번 돈
		서비스수입	서비스업에서 서비스를 제공하고 번 돈
	영업외수익	이자수익	예금, 적금, 대여금 이자 수입
		배당금수익	지분 또는 주식을 소유한 회사로부터 받는 배당금
		유형자산처분이익	유형자산을 처분하고 발생하는 이익
		잡이익	어떤 계정에 넣기 애매한 기타 이익
이익	이익	매출총이익	제품 또는 서비스를 제공하고 남은 이익, 마진, 매출액에서 매출원가를 뺀 금액
		영업이익	순수히 영업을 통해 얻은 이익, 매출액에서 매출원가와 판관비를 뺀 것
		법인세차감전순이익	법인세를 내기 전 순이익
		당기순이익	회사의 모든 비용과 세금을 뺀 순이익

수익에서 '매출'과 '영업외수익'의 차이는 영업활동과 관련이 있다. 회사가 주된 영업활동으로 돈을 버는 것은 매출이고, 투잡하

듯 영업외활동에서 버는 것은 영업외수익이다. 즉 파인애플사가 파이폰을 판매해서 버는 돈은 매출이고, 파이폰을 팔아 번 돈으로 건물을 하나 사서 임대료를 받는 것은 영업외수익이다. 서비스 기업의 손익계산서를 보면 당황할 수 있다. 매출액이 없기 때문이다. 서비스 기업의 경우 매출액보다는 영업수익이라는 용어를 쓴다. 손익계산서 맨 위에 매출액이 없다고 당황하지 말고 손익계산서 가장 위에 있는 영업수익을 주목하자.

매출액은 결국 '판매가격×판매수량(P×Q)'이다. 매출액은 판매가격과 판매수량 관점에서 분석할 수 있어야 한다. 예를 들어 농심의 매출액이 증가했다. 농심의 제품인 라면과 스낵 가격을 인상했는지 여부와 제품 판매량이 증가했는지 여부를 확인하면 된다. 농심은 라면과 스낵 가격 인상과 북미 지역을 중심으로 라면 제품 판매량이 급증하면서 2022년 사상 최대 매출을 기록했다.

또 가격결정권이 있는지 없는지에 따라 기업의 수익성이 달라질 수 있다.

세계 반도체 1위 삼성전자 D램은 가격결정권이 시장에 있다. 수요공급에 따라 결정이 되는데 업황이 좋으면 수익성이 좋아지지만, 업황이 좋지 않으면 수익성이 심하게 악화된다. 하지만 세계 파운드리 1위 TSMC는 주문생산 방식을 통해 미리 계약한 가격으로 특정 고객사에 제품을 공급한다. 반도체 업황이 좋지 않아도 타격을 덜 받는 이유가 여기에 있다.

매출원가(비용)

매출과 관련된 가장 중요한 비용은 매출원가다. 제조업의 매출원가는 제품을 만들기 위해 원재료를 구입하거나 제품을 만드는 데 들어간 비용이고, 서비스업의 매출원가는 서비스를 제공하기 위해 들어간 비용이다. 즉 수익에 직간접적으로 관련이 있는 비용은 모두 매출원가라고 보면 된다. 예를 들어 스마트폰을 만드는 회사라면 스마트폰의 부품, 스마트폰을 조립한 직원들의 급여, 공장 전기료 등 스마트폰을 만드는 데 들어간 모든 비용이 매출원가다. 공장에 근무하는 직원들을 출근시켜주는 셔틀버스 비용, 공장의 보안을 책임지는 보안요원 비용 등도 매출원가다.

대부분 기업은 손익계산서에서 매출액과 매출원가는 가장 큰 금액을 차지한다. 매출액이 늘면 매출원가도 자연스레 늘게 되어 있다. 그런데 매출액이 제아무리 높아도 매출원가가 너무 높아서 남는 게 없다면 아무 소용이 없다. 그래서 '원가 절감, 원가 절감' 하는 것이다. 회사는 매출 증대를 위해 노력하는 한편, 매출원가를 절감해나가야 한다. 기업의 원재료 비중이 큰 항목이 무엇인지 확인하고, 원재료 가격이 상승인지 하락인지 여부로 원가분석을 할 수 있다. 매출이 늘면서 매출원가가 감소하는 기업을 주목하자.

완성차 제조기업들은 보통 남는 게 별로 없다. 현대자동차와 기아의 평균 매출원가율 85% 전후반이다. 3000만 원짜리 차를 팔면 450만 원 남는 구조다. 그런데 테슬라는 매출원가율이 10%p 낮은 75% 전후반이다. 3000만 원짜리 차를 팔면 750만 원이 남는다. 이게 가능한 이유는 특별한 차량 제조방식 '기가 캐스팅' 덕분인데, 기가 프레스라는 장비로 차체를 통째로 만들기 때문이다. 기존 차량업체들은 부품을 한 땀 한 땀 제작하는 방식으로 인건비와 비용이 많이 들지만, 테슬라는 차체를 기계로 찍어 눌러서 통째로 만들어버리는 방식으로 인건비를 줄여서 타사보다 많이 남긴다. 또 테슬라는 전기차 중심이므로 부품이 많지가 않고, 가장 큰 부품인 배터리가 제일 비싼 원가를 차지하므로 배터리를 싸게 들여오거나 제작할 수 있다면 비용을 더욱 낮출 수 있다.

그런데 2023년 들어서 테슬라는 남는 게 적어졌다. 이유는 점유율 확대를 위해 가격을 낮췄기 때문이다. 한 대당 들어가는 비용은 같은데 판매가격을 낮추니 당연히 남는 게 줄어든다. 그런데 경쟁사를 물리치기 위해 이렇게 이익을 희생하면서도 공격적으로 가격을 낮출 수 있는 비결은 역시 높은 마진에 있다. 이걸 가지고 누군가는 횟집 운영하듯 자동차를 시가대로 판다고 해서 '회슬라'라고 꼬집기도 한다.

매출총이익(이익)

매출총이익은 "그거 팔아서 얼마 남아?"라는 질문에 대한 답이다. 200원 매출에 100원이 매출원가라면 매출총이익은 100원이다. 만약 200원 매출에 300원이 매출원가라면 매출총이익은 마이너스 100원이 된다. 매출총이익이 마이너스라면 이 사업을 계속할 이유가 없다. 당장 사업을 접어야 한다. 매출총이익이 손익계산서 이익

중 가장 높은 자리에 있는 이유는 경영자에게 "이 사업 계속할 거니?"라고 질문하기 위해서다. 제조업의 경우 매출총이익은 손익계산서 이익의 근본이자 기업의 생산 경쟁력을 보여준다. 매출총이익이 꾸준히 증가하는 기업을 주목하고 매출총이익이 증가하는 이유를 매출액과 매출원가 관점에서 분석하자.

비용의 세부 계정을 살펴보자.

분류		계정과목	설명
비용	매출원가	매출원가	제품 생산과 서비스 제공에 들어간 모든 비용
	판매비 및 일반관리비	급료 및 수당	임직원에게 지급한 월급 및 보너스
		잡급	일용근로자 및 아르바이트에게 지급한 대가
		퇴직급여	임직원에게 지급한 퇴직금
		여비교통비	출장여비, 교통비, 부임비
		접대비	거래처 선물, 식사, 경조사비 등
		통신비	유선전화, 휴대전화, 인터넷 요금
		세금과공과	재산세, 면허세, 자동차세 등 국가 및 지방자치단체 세금
		감가상각비(상각비)	유형자산의 가치 감소분(무형자산의 가치 감소분)
		임차료	유·무형 자산의 감가상각비
		보험료	화재, 자동차, 손해 등 보험료
		교육훈련비	직원 교육과 업무 훈련

		도서인쇄비	신문, 도서 구입, 인쇄비
		소모품비	복사지, 휴지, 저가의 비품 등 각종 소모품 구입
		광고선전비	TV, 라디오, 신문 등 각종 매체 광고비
		대손상각비	외상매출금, 받을어음 등 물건을 판매한 대금을 회수 포기
		판매수수료	판매와 관련해 지급하는 수수료
	영업외비용	이자비용	대출금 또는 지급 이자
		기부금	교회, 절, 성당 등에 헌금 또는 학교와 비영리재단 기부금
		유형자산처분손실	유형자산을 처분하고 발생하는 손실
		잡손실	어떤 계정에 넣기 애매한 기타 손실
	법인세비용	법인세비용	법인소득에 따라 계산한 법인세

판매비와 관리비(비용)

제품을 만들었다면 판매에 힘을 쏟아야 매출이 발생한다. 제품을 잘 만들고 잘 판매하도록 지원해주고, 회사가 살아남을 수 있도록 관리하는 데 쓰는 돈이 바로 판매비 및 일반관리비, 보통 줄여서 '판관비'라고 한다. 판관비는 이름 그대로 판매활동으로 쓴 돈과 회사 관리에 쓴 돈을 뜻한다.

비용에서 '매출원가'와 '판매비 및 일반관리비'는 똑같다. 내 아내가 어머니 앞에서는 나를 '여보'라고 부르고, 나와 단둘이 있을 때는 '오빠'라고 부르지만, 난 변함없이 아내의 남편인 것과 마찬가지다.

매출원가와 판매비 및 일반관리비는 영업활동에서 발생한 비용인데, 매출에 직간접적으로 기여하는 비용은 매출원가라고 부르고, 매출원가 외에 영업활동에서 발생한 모든 비용은 판매비와 일반관리비라고 부른다.

예를 들어 파인애플사가 파이폰을 조립하기 위해 구입한 원재료, 파이폰을 조립하는 노동자의 급여, 공장 전기료, 운반비 등은 매출원가다. 반면 파이폰을 판매하기 위해 광고와 영업을 하고 영업사원 및 사무직 직원들의 급여를 지급하는 것은 판매비 및 일반관리비가 된다.

영업이익(이익)

영업이익은 영업활동을 통해 얻은 이익이다. '본업에서 누가 잘하냐!'를 보고 싶을 때 영업이익을 보자.

매출총이익에서 판매비와 관리비를 빼면 영업이익이 나온다. 언론에서 회사의 성적을 평가하는 이슈를 다룰 때 대부분 영업이익을 많이 이야기한다. 또 주식시장에서도 매출은 증가해도 영업이익이 감소하면 투자자들이 외면한다. 매출이 꾸준히 증가해도 주가가 떨어지는 기업들을 보면 매출액 대비 영업이익은 계속 감소하고 있다. 영업이익은 기업의 가장 중요한 영업수익에서 영업수익에 기여한 영업비용을 뺀 것이므로, 경기로 치면 최종 스코어로 볼 수 있다. "돈은 많이 벌고 비용은 최대한 절감해야 한다"는 이야기는 매출액과 매출원가, 판관비를 두고 하는 것이다. 특히 매출원가가 중요하다! 판관비 절감은 한계가 있기 때문이다. 경영자와 임직원은 매출 최대화와 비용 최소화에 사활을 걸어야 한다.

흔히들 삼성전자와 애플의 영업이익을 자주 비교한다. 글로벌 시장조사 기관 카날리스에 따르면 2022년 스마트폰 시장 점유율 2위는 애플 19%, 1위는 삼성전자 22%다. 애플이 삼성전자보다 시장 점유율이 3%p 낮지만, 2022년 애플의 영업이익은 약 161조 5983억 원으로 삼성전자(43조 3766억 원)를 가볍게 제친다. 그렇지만 삼성전자와 애플의 영업이익을 단순 비교하기엔 무리가 있다. 애플은 스마트폰과 컴퓨터만 만들지만, 삼성전자는 스마트폰부터 김치냉장고, TV, 냉장고, 세탁기까지 정말 다양한 전자제품을 만들기 때문이다. 또 애플은 제조업체지만 제조를 직접 하지 않고, 삼성전자는 전 세계 각지 공장에서 직접 생산을 한다. 또한 애플의 임직원 수는 16만 명 수준이지만, 삼성전자 국내외 임직원 수는 27만 명이 넘는다. 한마디로 애플은 가볍고 삼성전자는 무겁다. 영업이익이 커야 기업의 가치가 올라간다. 영업이익이 크다는 건 파트너사에 재료비를 지급하고, 직원에게 급여를 지급하고 회사 관리 비용과 판매비용을 쓰고도 돈이 많이 남았다는 것이다. 또 금융기관에 이자비용을 지급하고, 국세청에 법인세를 납부하고 남는 당기순이익도 커진다. 당기순이익은 주주의 몫이므로 당기순이익이 크면 시장에서 가치가 오를 수밖에 없다.

영업외수익(금융수익, 기타수익)**-영업외비용**(금융비용, 기타비용)

영업외수익은 회사의 영업활동으로 번 돈인 매출을 제외한 수익으로, 금융수익(이자수익, 증권처분이익 등), 기타수익(임대수익, 배당금수익, 자산처분이익, 잡이익 등)이 있다.

자, 영업외수익이 많으면 좋을까? 부수입이 늘어난다는 것은 남는 게 늘어나니 언뜻 좋아 보이지만, 비정상적으로 봐야 한다. 스마트폰을 판매하는 회사가 스마트폰으로 번 돈보다 건물 임대로 번 돈이 더 많다고 하면 결코 정상적이라고 볼 수 없다. 아무리 흑자를 낸다고 해도 이런 회사에 무슨 가능성을 보고 투자할 수 있겠는가? 아예 부동산 임대업으로 업종을 바꾸는 게 나을 것이다. 직장인이 회사에서 받는 월급보다 주식투자나 코인투자로 버는 돈이 더 많다면, 회사에 집중할 수 없는 것과 마찬가지다. 이럴 땐 전업을 해야 한다. 본업보다 부업에 신경 쓰는 기업이 어떻게 성장할 수 있을까? 또 본업도 제대로 못하면서 신사업에 투자할 수 있을까? 영업이익도 못 내면서 신사업에 투자하겠다는 기업들을 조심하자. 또 회사의 영업외수익이 크게 늘었다면 주석을 확인해서 이유를 찾아야 한다. 영업외수익이 크게 느는 경우는 배당금을 받거나 토지나 건물, 영업권 등 규모가 큰 자산을 처분했을 때다.

잡이익은 수상한 친구다. 예전에 한 보험회사가 고객들이 찾아가지 않은 미지급보험금을 잡이익으로 회계 처리해 비자금 조성 의혹을 받았다. 분류하기 애매하거나 비정상적으로 발생한 수익은 잡이익으로 분류한다. 만약 잡이익이 크게 늘었다면 조심스럽게 의심해볼 필요가 있다.

회사의 총비용에서 영업활동에 생산제조에 쓴 돈인 매출원가와 판매관리활동에 쓴 돈 판매비와 관리비를 제외하면 영업외활동에서 발생한 비용, 즉 영업외비용이다. 영업외비용에는 금융비용(이자비용, 증권처분손실 등), 기타비용(기부금, 자산처분손실, 잡손실 등)이 있다.

영업외비용이 많은 회사는 우선 조심해야 한다. 이자비용이 너무 많다면 차입금이 많다는 것이고, 자산처분손실이 늘어났다는 것은 손실을 봐서라도 자산을 처분할 만큼 급한 부채가 있다고 볼 수 있다. 매출액이 3000억 원인데, 영업외비용이 3500억 원인 비정상적인 회사도 있었다. 또 일시적이고 우발적인 비용이자 분류하기 애매한 기타비용인 잡손실이 크게 늘었다면 잡이익처럼 이유가 무엇인지 확인해야 한다. 공정거래위원회가 부당행위, 허위광고 담합 협의 등으로 부과한 과징금은 잡손실로 처리한다.

정리해보면 영업외수익을 각각 금융수익, 기타영업외수익으로, 영업외비용을 각각 금융비용, 기타영업외비용으로 구분한다. 영업외수익과 영업외비용이 영업활동에서 발생한 수익과 비용보다 많은 회사는 주의해서 봐야 한다.

법인세비용차감전순이익(이익)-법인세비용(비용)

법인세비용차감전순이익은 간단히 말해 법인세를 내기 전 순이익을 말한다. 그래서 세전 이익이라고도 부른다. 개인이 돈을 많이 벌면 소득세 명목으로 세금을 많이 내는 것처럼 회사 역시 소득이 발생하면 나라에 세금을 내야 한다. 번 돈보다 쓴 돈이 많다면 법인세를 환급받을 수 있다. 회사는 세금을 줄일 수 있는 절세 대책을 세우려고 세무 컨설팅을 받기도 한다. 또 국가차원에서 육성하는 산업이 있다면 적극적인 세제지원을 한다.

그렇다면 법인세비용은 어떻게 계산할까? 현재 법인세율은 9~24%다. 세무회계와 차이가 없다면, 법인세 계산 방법은 '법인세비용차감전순이익(과세표준)×세율'이다.

◘ 법인세 세율 (2022년 이후)

소득종류 / 법인종류	각사업연도 소득			청산소득		
	과세표준	세율	누진공제	과세표준	세율	누진공제
영리법인	2억 이하	10% (9%)	-	2억 이하	10%	-
	2억 초과 200억 이하	20% (19%)	2,000만원	2억 초과 200억 이하	20%	2,000만원
	200억 초과 3,000억 이하	22% (21%)	42,000만원	200억 초과 3,000억 이하	22%	42,000만원
	3,000억 초과	25% (24%)	942,000만원	3,000억 초과	25%	942,000만원
비영리법인	2억 이하	10% (9%)	-	-	-	-
	2억 초과 200억 이하	20% (19%)	2,000만원			
	200억 초과 3,000억 이하	22% (21%)	42,000만원			
	3,000억 초과	25% (24%)	942,000만원			
조합법인 (조특법§72 적용)	20억 이하	9%	-	-	-	-
	20억 초과	12%	6,000만원			

* 2018.1.1. 이후 개시하는 사업연도 분부터 적용
* ( ) 는 2023.1.1. 이후 개시하는 사업연도 분부터 적용

예를 들어 위 국세청의 법인세 세율을 참고해서 계산해보자. 영리법인의 과세표준이 50억 원이면 세율이 19%이므로 '50억 원×0.19=9억 5000만 원'으로 법인세비용을 예상할 수 있다. 그리고 누진공제액 2000만 원을 뺀 9억 3000만 원이 법인세비용이다.

그러나 회계기준으로 법인세를 계산하는 방법과 세법 기준으로 계산하는 방법이 다르기 때문에 손익계산서의 법인세비용과 실제로 납부하는 법인세 금액은 일치하지 않는다. 따라서 회계기준 방식과 세법 기준 방식의 차이를 조정하는 세무 조정을 통해 법인세 금액을 산출한다.

법인세를 인상해야 한다, 인하해야 한다 논란이 지속되지만 어느 한쪽의 손을 들어주기가 쉽지 않다. 복지국가를 지향한다면 법인세 인상은 불가피하다. 경제 활성화를 원한다면 법인세 인상은 매우 부담스러운 선택이 되고, 산업 경쟁력을 키우기 위해서 인하도 적극 검토할 필요도 있다. 또 개인 소득에 대해서는 증세를 하면서 법인세는 인상하지 않는다면 형평성 문제로 조세 불신으로 이어질 수 있다. 법인세 인상 인하 여부는 국가정책 방향에 따라 결정해야 할 사항이다.

당기순이익(이익)

당기순이익은 회사가 모든 비용과 세금을 털고 난 후의 이익이다. 세후 이익이라고 부른다. 회사가 최종적으로 남긴 몫인 당기순이익은 주주의 몫이다. 당기순이익은 주주의 돈인 자본(이익잉여금)으로 들어간다. 회사가 당기순이익을 냈다는 것은 협력업체에 줄 돈 주고, 직원들 급여 주고, 빌린 돈에 대한 이자도 내고 나라에 세금까지 다 내고 남았다는 거다. 이렇게 당기순이익을 내서 자본까지 증가한다면 주주의 이익에 기여하므로 기업가치는 상승한다.

03

포괄손익계산서와 손익계산서, 뭐가 다를까?

연 결 손 익 계 산 서

제 54 기 : 2022년 1월 1일부터 2022년 12월 31일까지

제 53 기 : 2021년 1월 1일부터 2021년 12월 31일까지

삼성전자주식회사와 그 종속기업   (단위 : 백만원)

과　　　목	주 석	제 54 (당) 기		제 53 (전) 기	
Ⅰ. 매　출　액	29		302,231,360		279,604,799
Ⅱ. 매　출　원　가	21		190,041,770		166,411,342
Ⅲ. 매　출　총　이　익			112,189,590		113,193,457
판매비와관리비	21, 22	68,812,960		61,559,601	
Ⅳ. 영　업　이　익	29		43,376,630		51,633,856
기　타　수　익	23	1,962,071		2,205,695	
기　타　비　용	23	1,790,176		2,055,971	
지　분　법　이　익	9	1,090,643		729,614	
금　융　수　익	24	20,828,995		8,543,187	
금　융　비　용	24	19,027,689		7,704,554	
Ⅴ. 법인세비용차감전순이익			46,440,474		53,351,827
법　인　세　비　용	25	(9,213,603)		13,444,377	
Ⅵ. 당　기　순　이　익			55,654,077		39,907,450
지배기업 소유주지분		54,730,018		39,243,791	
비지배지분		924,059		663,659	
Ⅶ. 주　당　이　익	26				
기본주당이익(단위 : 원)			8,057		5,777
희석주당이익(단위 : 원)			8,057		5,777

삼성전자주식회사와 그 종속기업   (단위 : 백만원)

과 목	주 석	제 54 (당) 기	제 53 (전) 기
Ⅰ. 연결당기순이익		55,654,077	39,907,450
Ⅱ. 연결기타포괄손익		4,005,664	10,002,299
후속적으로 당기손익으로 재분류되지 않는 포괄손익		(822,137)	2,508,106
1. 기타포괄손익-공정가치금융자산평가손익	6, 20	(1,969,498)	2,980,896
2. 관계기업 및 공동기업의 기타포괄손익에 대한 지분	9, 20	(6,318)	51,816
3. 순확정급여부채(자산) 재측정요소	14, 20	1,153,679	(524,606)
후속적으로 당기손익으로 재분류되는 포괄손익		4,827,801	7,494,193
1. 관계기업 및 공동기업의 기타포괄손익에 대한 지분	9, 20	(44,192)	160,163
2. 해외사업장환산외환차이	20	4,884,886	7,283,620
3. 현금흐름위험회피파생상품평가손익	20	(12,893)	50,410
Ⅲ. 총포괄손익		59,659,741	49,909,749
지배기업 소유주지분		58,745,107	49,037,912
비지배지분		914,634	871,837

K-IFRS는 두 가지 방법으로 손익계산서를 표시할 수 있다.

첫 번째는 우리가 공부한 기존의 손익계산서에 포괄손익이 포함된 포괄손익계산서를 표시하는 것으로, 단일보고방법이다.

두 번째는 기존의 손익계산서와 포괄손익계산서를 따로 표시하는 것으로, 별도보고방법이다.

삼성전자의 경우 별도보고방법으로 손익계산서와 포괄손익계산서를 따로 표시하고 있다. SK하이닉스는 단일보고방법으로 포괄손익계산서 하나로 표시한다.

그렇다면 포괄손익계산서가 뭘까? 어렵지 않다. 우리가 공부한 손익계산서의 당기순이익에 기타포괄손익을 포함하는 것이다. 기타포괄손익이란 아직 실현되지 않은 손익, 미래에 발생할 수 있는 포괄적인 손익을 말한다. 기타포괄손익에 해당하는 항목으로 매도가능 금융자산평 가손익, 지분법자본변동, 유형자산 재평가손익 등이 있다.

어느 날 친구에게 전화가 왔다. 고급 일식집에서 오마카세를 사주겠다는 거다. 무슨 일 있냐고 물어보니 주식투자로 5억 원을 벌었다고 한다. 이 때 바로 부러워하지 말고 질문을 해보자. 주식 팔아서 5억 원이 통장에 꽂힌 거야? 아니면 주식계좌 평가액이 5억 원인 거야? 전자는 실현이익으로 결과가 나온 거고, 후자는 미실현이익으로 결과가 나온 게 아니다. 결과가 나오지 않았으니 갑자기 하한가를 맞을 수 있다.

기타포괄손익은 바로 후자인 미실현이익을 말한다. 결과가 나오지 않았고 바뀔 수 있다. 친구가 아직 평가액이라고 말하면 "아, 그렇구나" 하고 오마카세를 맛있게 먹으면 된다. 그런데 실현이익, 통장에 5억 원 꽂혔다고 하면, 오마카세로 그치지 말고 TV라도 사달라고 하자.

당기순이익+기타포괄손익=총포괄이익

기억하자. 손익계산서와 포괄손익계산서의 차이는 기타포괄손익을 포함하느냐 안 하느냐.

04
우리 회사의
손익계산서를 들여다보자

신체 건강한 훈남과 결혼을 고민할 때도 그가 얼마를 벌고 얼마를 쓰고 있는지를 꼭 알아야 한다. 남기는 돈이 있어야 결혼도 준비하고, 결혼 후 재정 계획을 짤 수 있다. 이것이 수익성 확인이다. 손익계산서를 통해 회사가 수익을 잘 내고 있는지 '수익성'을 평가할 수 있다. 가장 대표적인 수익성비율(기업의 이익창출능력, 수익성을 측정)로 매출총이익률(회사의 생산 경쟁력 측정)과 영업이익률(기업의 영업활동 성과를 측정하고 본업 경쟁력 평가)이 있는데, 수익성비율은 높으면 높을수록 좋다.

매출총이익률

매출총이익률＝매출총이익÷매출액×100

매출액이 200억, 매출원가가 170억이라면 매출총이익은 30억이다. 매출총이익률 공식에 그대로 대입하면, 매출총이익률은 15%다. 반대로 매출원가율을 구하고 싶다면 매출액 100%에서 매출총이익률을 빼주면 된다. '매출액 100%-매출총이익률 15%'이므로 매출원가율은 85%가 된다. 매출총이익률은 대체로 20% 이상이어야 양호하다고 본다. 이것은 절대 기준이 아니다. 따라서 같은 업종 회사의 매출총이익률과 비교를 해야 한다. 매출총이익률이 높을수록 제품 생산 경쟁력이 높다고 볼 수 있다. 회사는 매출액을 높이거나 매출원가를 줄여서 매출총이익률을 개선할 수 있다. 중요한 건 매출총이익률이 높은 기업이 다른 이익률도 높은 경우가 대부분이다.

영업이익률

$$영업이익률 = 영업이익 ÷ 매출액 × 100$$

회사의 영업활동으로 벌어들인 이익인 영업이익은 수익성을 평가하는 중요한 지표다. 매출액이 200억, 영업이익이 20억이라면 영업이익률은 10%가 된다. 영업이익률은 10% 이상이면 대체로 양호하다고 본다. 이것 역시 절대 기준이 아니므로, 같은 업종 회사의 영업이익률과 비교해야 한다. 영업이익률이 10%보다 낮다면 매출액을 높이거나 매출원가와 판관비를 줄여야 한다.

다음 동일 업종에 있는 두 회사의 요약 손익계산서를 보고 회사의 수익성을 따져보자.

구분	L회사	A회사
매출액	100	100
매출원가	44	35
매출총이익	56	65
판매비와 관리비	45	57
영업이익	11	8
매출총이익률	56%	65%
영업이익률	11%	8%

L회사

매출총이익률: 매출총이익 56÷매출액 100×100=56%

영업이익률: 영업이익 11÷매출액 100×100=11%

A회사

매출총이익률: 매출총이익 65÷매출액 100×100=65%

영업이익률: 영업이익 8÷매출액 100×100=8%

평가: 둘다 매출액은 동일하지만 수익성을 보면 전혀 다르다. 먼저 매출총이익률에서 A회사가 L회사보다 9%p 더 높으므로 생산경쟁력에서 더 뛰어나다. 하지만 반전이 일어난다. L회사가 A회

사보다 영업이익률이 3%p 높다. L회사가 A회사보다 매출원가가 크므로 생산 경쟁력은 떨어지지만 A회사보다 판매비와 관리비를 더 효율적으로 사용하고 컨트롤하는 능력이 뛰어나다. 결국 본업에서 누가 잘 했냐 따져본다면 영업이익률이 높은 L회사다.

활동성비율도 평가의 대상이다

결혼할 사람이 안정성도 높고 수익성도 높아 보인다. 그렇다고 결혼을 결심하기에는 이르다. 얼마나 부지런한지도 확인해야 한다. 결혼했는데 매일 소파에 누워서 TV만 본다면 누구를 위한 신혼생활이겠는가. 활동성비율(자산이 효율적으로 관리되고 현금화되고 있는지 측정)은 영업활동을 얼마나 활발하게 하는지 보는 중요한 지표다.

재무상태표와 손익계산서를 통해 활동성비율을 평가할 수 있다.

대표적인 활동성비율에는 재고자산회전율(재고자산이 효율적으로 관리되고 있는지 측정)과 매출채권회전율이 있다.

재고자산회전율

재고자산회전율은 팔려고 만든 재고자산인 제품이 팔리는 속도를 보여준다. 업종에 따라 다르지만, 제조업의 경우 연간 8회전 이상일 경우 양호하다고 본다. 재고자산회전율이 높으면 높을수록 재고가 빠르게 팔리고, 낮으면 낮을수록 창고에 제품이 쌓여간다. 창고에 제품을 쌓아 놓고 팔지를 못하면 재고관리비용이 발생하고 제품을 만드느라 재료비 사고 인건비 쓴 현금을 회수할 수 없으니 회사 현금흐름에 악영향을 끼친다. 시간이 지날수록 가치가 떨어져서 손실이 발생하고, 결국 떨이로 팔거나 처분해야 한다. 재고자산회전율 구하는 공식은 아래와 같다. 참고로 평균재고자산은 전년도말 재고자산 금액과 당년도말 재고자산 금액을 더해서 나누기 2를 한 것이다.

$$재고자산회전율 = 매출원가 \div 평균재고자산$$

매출채권회전율

매출채권회전율은 고객에게 받을 외상대금인 매출채권을 현금으로 받아내는 속도를 보여준다. 연간 6회전 이상을 양호하다고 본다. 매출채권회전율이 높을수록 고객에게 외상대금을 빨리 받아내는 거고, 낮으면 낮을수록 못 받는 외상대금이 늘어간다. 매출채권은 계속 늘어나는데 돈을 계속 못 받으면 회사에 현금이 들어오지 않아서 유동성 위기에 처한다. 중소기업의 경우 유동성 위기가 오면 망한다. 제품을 파는 것도 중요하지만, 매출채권 회수를 빨리 해야 현금을 확보할 수 있다. 매출채권회전율을 구하는 공식은 아래와 같다. 참고로 평균매출채권은 전년도말 매출채권 금액과 당년도말 매출채권 금액을 더해서 나누기 2를 한 것이다.

$$매출채권회전율 = 매출액 \div 평균매출채권$$

다음 동일 업종에 있는 두 회사의 활동성을 평가해보자.

구분	L회사	A회사
매출액	100	100
매출원가	44	35
평균재고자산	5	8
평균매출채권	9	13
재고자산회전율	9	4
매출채권회전율	11	8

L 회사
재고자산회전율: 매출원가 44÷평균재고자산 5=9회
매출채권회전율: 매출액 100÷평균매출채권 9=11회

A 회사
재고자산회전율: 매출원가 35÷평균재고자산 8=4회
매출채권회전율: 매출액 100÷평균매출채권 13=8회

평가: 두 회사는 매출액은 같지만 L회사가 A회사보다 제품을 빠르게 팔고, 고객에게 외상대금도 더 빨리 받고 있다. 제품을 빠르게 팔고 돈을 빨리 받아내면 회사에 현금흐름이 원활하게 돌아간다. A회사는 고객에게 외상대금은 받아내는 속도는 양호하지만, 재고가 창고에 쌓여 있음을 알 수 있다. 이렇게 쌓인 재고는 가치

가 떨어지므로 손실이 발생하고, 회사에 현금흐름에 악영향을 끼친다.

활동성 지표 팁!

365일을 회전율로 나누면 회전일수(며칠 걸리는지 보는 지표)를 계산할 수 있다. 예를 들어 L회사의 재고자산회전율이 9회다.

L회사의 재고자산 회전일수 365일÷9회=41일

팔려고 만든 재고자산을 41일 만에 소진한다는 이야기다.

A회사의 재고자산 회전일수 365일÷4회=91일

A회사는 91일 만에 재고를 소진하므로 L회사보다 제품을 판매하는 속도가 2배 이상 느리고 창고에 재고가 빨리 쌓여감을 알 수 있다.

성장성비율로 미래를 판단하자

얼굴이 아무리 잘생겨도 비전이 없다면 무슨 소용일까? 자신이 하고 있는 일에 비전을 가지고 있는 남자, 그의 성장성을 평가할 수 있어야 하지 않을까?

회사도 계속 성장해야 살아남을 수 있다. 27억 명이 넘는 회원수를 자랑하는 메타(페이스북, 인스타그램 등을 서비스하는 회사)가 만약 성장성이 없었다면 어떤 투자자도 투자하지 않았을 것이다. 경기가 안 좋을수록 기업의 수익성 지표는 안 좋아지고, 안정성이 좋아진다. 이유는 회사가 위험에 대비해서 적극적으로 투자하지 않고 재무 구조를 안정적으로 가져가려고 하기 때문이다.

대표적인 성장성비율(회사의 성장성을 측정)에는 매출액증가율(회사의 영업활동이 잘되고 있는지 측정), 영업이익증가율(회사의 영업활동 수익성이 개선되고 있는지 측정), 유형자산증가율(유형자산의 증가로 미래의 성장성 측정), 총자산증가율(회사에 투입된 자산의 증가로 전체적인 성장성 측정)이 있다.

매출액증가율 & 영업이익증가율

매출액증가율은 회사가 전년보다 성적을 잘 냈는지를 보여주고 영업이익증가율은 회사가 전년보다 영업활동 수익성이 좋아졌는지를 보여준다. 매출액은 '판매가×판매수량'이다. 매출액이 증가했다면 판매가를 올려서인지, 판매수량이 증가해서인지 분석해볼 필요가 있다. 영업이익은 매출액에서 매출원가와 판매비와 관리비를 뺀 이익이다. 영업이익이 증가했다면 제품을 생산하는 비용 또는 판매비와 관리비가 감소해서인지 분석해볼 필요가 있다. 매출액은 증가하는데 영업이익이 감소한다면 매출을 늘리기 위해서 판촉비를 늘렸거나 원자재 비용이 증가했을 수 있다. 3년~5년 꾸준하게 매출액과 영업이익 함께 증가하는 기업을 주목하자.

$$매출액증가율 = (당기\ 매출액 - 전기\ 매출액)$$
$$\div 전기\ 매출액 \times 100$$

$$영업이익증가율 = (당기\ 영업이익 - 전기\ 영업이익)$$
$$\div 전기\ 영업이익 \times 100$$

유형자산증가율

유형자산증가율은 기업의 투자 동향 및 성장 잠재력을 보여준다. 유형자산의 경우, 규모나 금액이 크고 사용기간이 1년 이상인 비유동자산이므로 돈을 벌어주는 시간이 길다. 최악의 시기에 무리하게 유형자산을 구입했을 경우엔 유동성 위기 또는 감가상각비와 같은 투자 비용 증가로 실적 악화를 불러올 수 있다. 반대로 경기 상황에 따라 적절하게 구입한 경우는 수익 창출 능력, 즉 돈을 버는 능력이 높아진다. 현금이 많은 기업이 대규모 투자를 할 때 업황과 투자금액, 어떤 자산에 투자하는지 주목하자.

$$유형자산증가율 = (당기말\ 유형자산 - 전기말\ 유형자산)$$
$$\div 전기말\ 유형자산 \times 100$$

총자산증가율

총자산증가율은 돈을 벌기 위한 자산이 얼마나 증가했는지를 보여준다. 단, 자산이 증가했을 경우 어떻게 증가했는지도 살펴봐야 한다. 유형자산증가율과 함께 살펴봐서 어느 자산이 증가했는지, 또 자산을 구입하기 위해서 은행에서 돈을 빌려서 자산을 구입한 건지, 이익이 꾸준히 나서 비축된 현금으로 구입한 것인지 확인하자. 그러므로 회사의 안정성비율을 체크해야 한다. 회사의 안정성을 무너뜨리면서까지 자산에 투자하는 건 위험하다.

$$총자산증가율 = (당기말\ 총자산 - 전기말\ 총자산) \div 전기말\ 총자산 \times 100$$

다음 두 회사의 성장성을 평가해보자.

구분	L회사		A회사	
	2023년	2022년	2023년	2022년
매출액	100	80	100	120
영업이익	11	7	8	13
유형자산	130	115	110	105
총자산	300	280	270	265
매출액증가율	25%		−17%	
영업이익증가율	57%		−38%	
유형자산증가율	13%		5%	
총자산증가율	7%		2%	

L회사

매출액증가율: (당기 매출액 100-전기 매출액 80)÷전기 매출액 80×100=25%

영업이익증가율: (당기 영업이익 11-전기 영업이익 7)÷전기 영업이익 7×100=57%

유형자산증가율: (당기말 유형자산 130-전기말 유형자산 115)÷전기말 유형자산 115×100=13%

총자산증가율: (당기말 총자산 300-전기말 총자산 280)÷전기말 총자산 280×100=7%

A회사

매출액증가율: (당기 매출액 100-전기 매출액 120)÷전기 매출액 120×100=-17%

영업이익증가율: (당기 영업이익 8-전기 영업이익13)÷전기 영업이익 13×100=-38%

유형자산증가율: (당기말 유형자산 110-전기말 유형자산 105)÷전기말 유형자산 105×100=5%

총자산증가율: (당기말 총자산 270-전기말 총자산 265)÷전기말 총자산 265×100=2%

평가: L회사는 A회사보다 매출액과 영업이익이 크게 증가했다. 시장점유율도 늘고 전년도 영업이익 증가와 영업이익률 증가로 수익성도 개선됐음을 알 수 있다. A회사는 매출액과 영업이익

모두 큰 폭으로 감소했다. 경영진이라면 매출액이 감소한 이유를 판매가와 판매수량 관점에서 분석하고, 영업이익은 비용분석을 통해 수익성 개선을 어떻게 할지 고민해야 한다. L회사와 A회사 모두 유형자산증가율과 총자산증가율이 증가했다. L회사는 A회사보다 유형자산이 2배 이상 증가했다. 매출액과 영업이익이 증가하니 유형자산 투자를 크게 늘려서 시장을 더 많이 점유하려는 거 아닐까? 물 들어올 때 노 젓자 정신으로 말이다. L회사의 경우 매출액과 영업이익이 3~5년 꾸준하게 증가하는지, A회사는 2024년에 매출액과 영업이익이 증가로 돌아서는지 지켜봐야 한다.

이렇게 기업의 재무제표를 분석하는 안정성, 수익성, 활동성, 성장성비율을 공부했다. 각각 지표가 기업에 어떤 의미가 있는지 알았다면, 분석하고자 하는 기업과 경쟁기업, 업종 평균과 각각 비교해보자. 특히 3~5년 동안 기업의 비율에 어떤 흐름이 있었는지 체크하자. 예를 들어 매출총이익률, 영업이익률, ROE 같은 수익성 지표가 점점 높아지고 있다면 기업의 수익성이 개선되고 있다는 것이다.

직접 계산하는 것도 좋지만, 네이버 증권이나 컴패니가이드 같은 사이트에서 재무비율 정보를 제공하고 있으니 그곳에서 확인해도 된다.

05

실물로 보는 손익계산서

연 결 손 익 계 산 서

제 54 기 : 2022년 1월 1일부터 2022년 12월 31일까지

제 53 기 : 2021년 1월 1일부터 2021년 12월 31일까지

삼성전자주식회사와 그 종속기업 (단위 : 백만원)

과 목	주석	제 54 (당) 기		제 53 (전) 기	
I. 매 출 액	29		302,231,360		279,604,799
II. 매 출 원 가	21		190,041,770		166,411,342
III. 매 출 총 이 익			112,189,590		113,193,457
판매비와관리비	21, 22	68,812,960		61,559,601	
IV. 영 업 이 익	29		43,376,630		51,633,856
기 타 수 익	23	1,962,071		2,205,695	
기 타 비 용	23	1,790,176		2,055,971	
지 분 법 이 익	9	1,090,643		729,614	
금 융 수 익	24	20,828,995		8,543,187	
금 융 비 용	24	19,027,689		7,704,554	
V. 법인세비용차감전순이익			46,440,474		53,351,827
법 인 세 비 용	25	(9,213,603)		13,444,377	
VI. 당 기 순 이 익			55,654,077		39,907,450
지배기업 소유주지분		54,730,018		39,243,791	
비지배지분		924,059		663,659	
VII. 주 당 이 익	26				
기본주당이익(단위 : 원)			8,057		5,777
희석주당이익(단위 : 원)			8,057		5,777

실제 손익계산서는 재무상태표와 달리 무척 심플하다. 삼성전자는 2022년 한 해 동안 302조 원의 매출액을 기록했다. 전년 대비 8% 매출액이 증가했다. 1993년 이건희 회장이 수백 명의 삼성 임원들을 독일 프랑크푸르트 인근 호텔에 소집해서 신경영 선언(일명 프랑크푸르트 선언)을 선포했는데 그때 매출액이 8조 원이었고 2022년에는 302조 원으로 엄청나게 성장했다.

삼성전자의 매출원가는 190조 원으로 매출액의 63%를 차지하고 있고 매출총이익은 112조 원으로, 생산경쟁력을 볼 수 있는 매출총이익률이 37%인데 경쟁사인 SK하이닉스는 35%, 애플은 43%, TSMC는 59%다. 판매비와 관리비는 69조 원이고 그중에 R&D에 쓰는 비용은 25조 원이다. 매출액의 8%, 영업비용의 10% 가까이를 연구개발비용에 쓴다. 어마어마한 금액이다.

영업이익은 43조 원으로 전년 52조 원에서 9조 원 감소했다. 영업이익이 16%나 감소했다. 이유가 뭘까? 삼성전자의 매출액 중 60%는 스마트폰이나 가전사업을 하는 DX사업에서 발생하고, 영업이익의 55%는 반도체 사업을 하는 DS에서 발생한다. 삼성전자 영업이익이 감소한 이유는 영업이익 절반을 기여하는 반도체 사업 실적 악화 때문이다. 반도체 판매가가 떨어졌는데 반도체를 만드는 비용이 떨어지지 않았다면 남는 게 적어진다. 또 기껏 돈 들여 만들었는데 팔리지 않으면 재고가 쌓여서 가치가 떨어지고 손실이 발생한다. 삼성전자뿐 아니라 국내 시가총액 3위 기업 SK하이닉스와 전 세계 반도체 기업 대부분 실적이 악화됐다.

삼성전자의 2022년 영업이익률은 14%인데 경쟁사인 SK하이닉스는 15%, 애플은 30%, TSMC는 49%다.

　영업이익에 영업외수익(기타수익, 금융수익)과 영업외비용(기타비용, 금융비용)을 더하니 법인세비용차감전순이익이 46조 원이다. 그 중에 금융수익과 금융비용이 전년 대비 각각 13조 원, 11조 원이 증가했다. 이유는 외화 거래 및 환산으로 발생한 외환 차이 때문에 그렇다.

　법인세비용차감전순이익에서 법인세비용을 빼니 당기순이익은 56조 원이다. 재밌는 건 법인세비용이 마이너스 9조 원이다. 법인세비용이 발생한 게 아니라 환급받았다는 걸까? 그게 아니다. 앞에서 말했듯 손익계산서의 법인세비용과 실제 납부하는 법인세 납부액은 다르다. 법인세비용이 마이너스인 이유는 종속기업인 해외 자회사의 배당금 관련 세법 개정으로 인해 일시적으로 법인세비용이 마이너스로 반영된 것이다. 지배기업의 재무제표인 별도재무제표를 보면 삼성전자의 법인세비용은 마이너스가 아니라 플러스 4조다. 자세한 내용은 포털사이트에서 '삼성전자 법인세비용'으로 검색해보자!

　일반적으로 법인세비용 반영 때문에 당기순이익은 영업이익보다 적다. 하지만 삼성전자는 세법개정으로 인한 일시적인 법인세 마이너스 비용 반영으로 영업이익 43조 원보다 당기순이익이 13조 원 많은 56조 원이다. 전년보다 당기순이익이 증가한 듯 보이지만 일시적인 법인세 비용 마이너스 효과라는 걸 잊지 말고 봐야 한다.

3장

이것이 현금흐름표다

현금흐름표=혈액순환

현금은 fact(사실)이고
이익은 opinion(의견)이다.

돈버는 것=현금이 들어오는 것

경영자는 현금을 증가시키는 것에 사활을 걸어야 한다.

회사의 혈액 순환, 현금흐름표

히든챔피언이라 불리던 회사가 있었다. 매출 1조 원을 넘긴, 국가가 밀어주던 회사였다. 그런 회사가 망했고, 대표는 구속됐다. 알고 보니 매출이 다 가짜였다. 매출을 꾸며서 재무제표를 만들었고, 멋대로 꾸민 재무제표로 시중 은행에서 3조 4000억 원을 사기 대출받았다. 히든챔피언에서 사기챔피언이 된 이 회사의 분식회계가 드러났던 건 바로 현금흐름표였다. 은행 대출심사부에서 이상한 현금흐름표를 발견하고 대출금 전액을 회수하자 분식회계가 드러난 것이다.

재무제표가 다섯 가지이다 보니 간혹 현금흐름표를 무시하는 경향이 있다. 그런데 회사의 민낯을 보여주는 재무제표는 손익계산서가 아니라 바로 현금흐름표다. 피터 드러커는 《넥스트 소사이어티》에서 이런 말을 했다.

"이익은 부차적인 것이다. 현금흐름이 가장 중요하다."

워런 버핏은 투자 전 은행의 대출 담당자에게 물어본다고 한다. 역시 현금흐름이 중요하기 때문이다.

재무상태표와 손익계산서는 거래가 발생한 시점으로 기록하는 발생 기준이다. 발생 기준은 일정기간 경영성과를 측정하기 위해서 반드시 필요하다. 회계의 대원칙이 발생기준인 이유가 여기에 있다. 문제는 발생기준으로 작성하면 현금을 무시한다는 거다. 실제 현장에서는 현금이 가장 중요하다. 현금이 부족하면 회사는 망한다. 앞에서 말한 흑자 도산은 이익은 나지만 현금이 없어서 망하는 경우다. 현금흐름표는 현금이 회사에 들어오거나 나가는 시점으로 기록하는 현금 기준이다.

12월에 물건을 판매했지만 돈은 다음 해 1월에 받았다. 발생 기준은 12월에 수익으로 잡는다. 현금 기준은 1월에 수익으로 잡는다. 어떤 기준으로 하느냐에 따라 수익이 달라진다.

조그만 디저트 가게를 운영한다고 보자. 손님들이 와서 2만 원짜리 케이크를 사가면서 카드결제를 하지만 내 손에 쥐는 현금은 없다. 하지만 포스기기에서는 2만 원 매출로 잡힌다. 3일 후에 카드사로부터 2만 원이 통장에 입금된다. 포스기기에서 매출로 잡는게 손익계산서라면, 통장에 입금되는 현금은 현금흐름표다.

현금흐름표를 읽을 수 있어야 재무제표를 효과적으로 이용할 수 있다. 재무상태표가 건강검진표, 손익계산서가 성적표라면 현금흐름표는 회사의 혈액 순환이라고 볼 수 있다. 혈액이 제대로 돌지 않으면 뇌졸증이 올 수 있다. 현금이 있어야 회사는 살 수 있다. 뇌가 멈춰도 사람은 살 수 있다고 하지만 혈액이 없이 사는 사람을 봤는가?

손익계산서에 100억 원 영업이익이 났는데 영업통장에 한 푼도 없다면 뭘 의미하는 걸까? 100억 원은 어디로 간 걸까? 회사의 이익이 현금흐름으로 이어지지 않는다면 회사의 현금흐름에 문제가 있거나 회계부정도 생각해볼 수 있다. 손익계산서와 현금흐름표를 같이 보는 습관을 들이자.

현금흐름표는 기업의 3대 활동(영업, 투자, 재무)으로 현금흐름을 보여준다. 회사에 들어온 현금이 나간 현금보다 많으면 +로 표시하고, 나간 현금이 들어온 현금보다 많으면 -로 표시한다. 재무제표에서 +는 그냥 숫자를 적고, -는 괄호 안에 숫자를 적는다.

영업활동 현금흐름

영업활동 현금흐름은 회사가 본업에서 수익을 내는 모든 활동(재료 구입, 제품 판매, 급여 지급 등)에서 현금이 들어오고 나가고를 보여준다. 손익계산서상의 매출액에 기록된 수익의 현금흐름이다. 회사의 정관에 적혀 있는 영업으로 벌어들인 돈의 흐름을 보여준다. '영업활동 현금흐름이 센터'라고 생각하면 된다.

나는 아이돌 서바이벌 프로그램을 좋아한다. 프로그램을 잘 보면 센터 자리를 두고 치열한 경쟁을 벌인다. 센터는 카메라에도 많이 노출되고 팬들의 시선이 집중되는 자리기 때문이다. 영업활동 현금흐름 역시 그렇다. 영업활동으로 현금이 많이 들어와야 투자활동, 재무활동을 제대로 할 수 있다. 히든챔피언에서 사기챔피언으로 전락한 회사의 문제는 바로 영업활동 현금흐름이었다. 매출액이 1조 원이 넘고 영업이익이 1000억 원이었는데 회사 영업활동 현금흐름은 마이너스 15억 원이었다. 영업으로 번 그 많은 돈은 어디로 갔을까? 우량한 기업은 손익계산서 영업이익보다 더 많은 영업활동 현금흐름이 들어온다. 참고로 영업활동 현금흐름이 매년 마이너스인 기업은 부실기업일 가능성이 크다.

투자활동 현금흐름

투자활동 현금흐름은 회사가 자산을 구입하고 처분하는 모든 활동(재테크 자산에 투자하거나 공장이나 기계장치, 영업권 등 유무형자산 취득)에서 현금이 들어오고 나가고를 보여준다. 포털 사이트 검색창에 '기업 투자'를 쳐보면 '기업들의 투자 위축, 투자 몇 퍼센트 집행'이라는 기사들이 뜬다. 기사에서 말하는 투자가 바로 기업의 투자활동이다. 영업활동에 필요한 자산을 구입하거나 자산을 처분한 것, 금융자산이나 주식에 투자한 것이다.

자산은 기업에 돈을 벌어다 주는 것이다. 돈을 더 벌기 위해서 자산을 구입하는 것이 바로 기업의 투자활동이다. 투자활동 현금흐름(비유동자산과 비영업자산에 대한 투자 또는 매각으로 들어오고 나간 현금의 움직임)이 +면 현금이 증가했으므로 자산을 팔아넘겨서 현금이 들어온 것이다. 이것을 돈을 번 것으로 헷갈리지 말자. 우리도 당근마켓을 통해 집에 있는 중고제품을 현금화하지 않는가. 투자활동 현금흐름이 -면 현금이 감소했으므로 자산을 구입해서 현금이 나간 것이다.

우량한 기업은 돈을 더 많이 벌기 위해 매년 투자를 한다. 투자활동 현금흐름이 -인 경우가 많다. 또 성장하기 위해서 공격적으로 투자하는 기업은 영업활동 현금흐름보다 더 많은 돈으로 투자를 한다.

잉여현금흐름

잉여현금흐름은 회사가 마음대로 쓸 수 있는 현금을 말한다. 영업활동 현금흐름에서 투자활동 현금흐름 중 유무형자산을 취득하는데 쓴 현금을 뺀 것을 잉여현금흐름이라고 한다. 잉여현금흐름이 -인 경우 회사는 자금 조달을 필요로 하고, 잉여현금흐름이 +인 경우에는 은행에 대출금을 갚거나 주주들에게 배당금을 지급한다. 잉여현금흐름은 현금흐름표에 표시되지 않는다. 직접 계산하거나 네이버 증권 같은 사이트에서 확인할 수 있다.

재무활동 현금흐름

재무활동 현금흐름은 주주와 채권자로부터 자금을 조달하고 상환하는 활동(차입 또는 차입금 상환, 배당금 지급 등)에서 현금이 들어오고 나가고를 보여준다.

기업은 끊임없이 자금 조달을 해야 한다. 사업을 잘해서 이익을 내서 내부적으로 현금을 창출하면 가장 좋다! 영업활동 현금흐름이 +인 기업들이 그렇다. 하지만 공격적으로 투자하거나 영업으로 돈을 못 벌어서 내부적으로 현금창출이 되지 않는다면, 외부에서 자금 조달을 해야 한다. 기업은 주식시장이나 금융기관으로부터 자금 조달을 한다. 재무상태표에서 부채와 자본 기억나는가? 주식시장에서 조달한 돈은 자본이고 금융기관 같은 채권자로부터 조달한 돈은 부채다.

은행에서 대출을 받거나 주식시장에 상장 또는 유상증자를 해서 현금이 회사에 들어오게 되면 재무활동 현금흐름[자금 조달 및 상환(은행 차입 및 상환, 사채 발행 및 상환, 주식 발행 등)같이 재무활동과 관련된 현금의 움직임]이 +가 된다. 은행에 대출금을 갚거나 주주들에게 배당금을 지급하는 경우 재무활동 현금흐름이 -가 된다.

핵심은 이것이다. 회사가 활발한 영업활동으로 현금이 많이 들어오면(영업활동 현금흐름 +) 돈을 벌어다 주는 자산을 구입할 수 있고(투자활동 현금흐름 -), 대출금을 갚거나 배당금을 지급할 수 있다(재무활동 현금흐름 -).

영업활동이 가장 중요하다. 회사를 꿰뚫어 보려면 영업활동 현금흐름을 주시하자. 현금이 없으면 회사는 죽는다. 절대 살 수 없다. 막강한 영업활동 현금흐름이 있는 삼성전자가 대한민국 최강 회사로 군림하는 이유다.

	영업활동 현금흐름	투자활동 현금흐름	재무활동 현금흐름	설명
패턴1 스타트업	−	−	+	성장하고 있는 스타트업이다. 영업활동에서 현금은 아직 없고, 대출을 받거나 증자를 통해 투자를 하고 있다.
패턴2 성장기업	+	−	+	영업활동에서 유입된 현금과 대출 또는 증자로 생긴 현금을 모아 유무형 자산을 적극적으로 구입하는 투자를 하고 있다.
패턴3 우량기업	+	−	−	영업활동에서 유입된 현금으로 투자활동을 하고 있다. 또 잉여현금으로 대출을 갚거나 배당금을 지급하고 있는 훌륭한 회사다.
패턴4 전환기업	+	+	+	영업활동과 자산을 팔거나 대출 또는 증자로 현금을 조달하고 있다. 회사를 인수합병하거나 신사업 진출로 업종 변신을 준비하고 있다. 유동성이 풍부하다.
패턴5 성숙기업	+	+	−	영업활동에서 유입된 현금과 자산을 팔아서 생긴 현금으로 열심히 대출을 갚고 있다.
패턴6 재활기업 쇠퇴기업	−	−	−	영업활동에서 현금은 없지만 자산 구입이나 대출 상환 또는 배당금 지급을 모두 쌓아놓은 현금에서 쓰고 있다.

패턴7 부실기업	−	+	+	영업활동에서 생긴 현금이 없어서 자산을 팔고 대출을 받거나 증자를 해서 겨우 살아가고 있다.
패턴8 정리기업	−	+	−	영업활동에서 현금이 없고 자산을 팔아서 생긴 현금으로 대출을 갚고 있다. 곧 정리에 들어갈 것이다.

현금흐름표를 쉽게 보는 방법은 표와 같이 현금흐름 패턴으로 보는 것이다. 현금흐름표를 세세하게 보려다가 길을 잃기가 십상이다. 그만큼 현금흐름표 읽기는 어려운데 영업활동, 투자활동, 재무활동 현금흐름이 +인지 -인지만 봐도 회사의 실태를 파악할 수 있다.

현금흐름표

구조
1.영업활동으로 인한 현금흐름
당기순이익
현금유입이 없는 수익 등의 차감
현금유출이 없는 비용 등의 가산
영업활동으로 인한 자산부채변동
2. 투자활동으로 인한 현금흐름
투자활동 현금유입액
투자활동 현금유출액
3. 재무활동으로 인한 현금흐름
재무활동 현금유입액
재무활동 현금유출액
4. 현금의 순증감(1+2+3)
5. 기초의 현금(5)
기말의 현금(4+5)

02

실물로 보는 현금흐름표

연 결 현 금 흐 름 표

제 54 기 : 2022년 1월 1일부터 2022년 12월 31일까지

제 53 기 : 2021년 1월 1일부터 2021년 12월 31일까지

삼성전자주식회사와 그 종속기업 (단위 : 백만원)

과 목	주석	제 54 (당) 기		제 53 (전) 기	
I. 영업활동 현금흐름			62,181,346		65,105,448
1. 영업에서 창출된 현금흐름		71,728,568		72,676,199	
가. 당기순이익		55,654,077		39,907,450	
나. 조정	27	33,073,439		49,055,633	
다. 영업활동으로 인한 자산부채의 변동	27	(16,998,948)		(16,286,884)	
2. 이자의 수취		2,136,795		1,406,706	
3. 이자의 지급		(714,543)		(434,441)	
4. 배당금 수입		529,421		299,033	
5. 법인세 납부액		(11,498,895)		(8,842,049)	

'현금흐름의 왕' 삼성전자의 영업활동 현금흐름을 보자. 영업활동으로 들어온 현금이 62조 원이다. 삼성전자의 22년 영업이익은 43조 원이다. 영업이익보다 큰 현금이 영업통장에 들어온 것이다. 손익계산서의 이익은 감가상각비처럼 현금을 쓰지 않아도 계산되

는 비용들이 반영된다. 투자금액이 크고 감가상각비 비중이 큰 제조 기업들은 영업이익보다 영업활동 현금흐름이 더 크게 난다.

영업활동 현금흐름 아래 구성을 보면 이자의 수취, 이자의 지급, 배당금 수입, 법인세 납부액같이 손익계산서 영업활동과 상관없는 현금흐름도 보인다. 그래서 실제 영업활동에서 발생한 현금흐름은 상단에 있는 영업에서 창출된 현금흐름으로 볼 수 있다. 삼성전자가 영업으로 번 현금은 72조 원이고, 여기에 이자의 수취, 지급, 배당금 수입, 법인세 납부액을 더하고 빼면 영업활동 현금흐름 62조 원이 나온다. 여기에 나온 법인세 납부액은 2022년에 납부한, 즉 2021년 법인소득에 대한 납부액이라는 점 명심하자.

II. 투자활동 현금흐름			(31,602,804)		(33,047,763)
1. 단기금융상품의 순감소(증가)		15,214,321		10,917,128	
2. 단기상각후원가금융자산의 순감소(증가)		3,050,104		(336,959)	
3. 단기당기손익-공정가치금융자산의 순감소(증가)		11,677		30,694	
4. 장기금융상품의 처분		8,272,909		10,216,082	
5. 장기금융상품의 취득		(4,393,754)		(6,981,810)	
6. 기타포괄손익-공정가치금융자산의 처분		496,090		2,919,888	
7. 기타포괄손익-공정가치금융자산의 취득		(37,687)		(1,121,201)	
8. 당기손익-공정가치금융자산의 처분		166,315		350,212	
9. 당기손익-공정가치금융자산의 취득		(158,244)		(208,262)	
10. 관계기업 및 공동기업 투자의 처분		13,233		19,169	
11. 관계기업 및 공동기업 투자의 취득		(907,958)		(47,090)	
12. 유형자산의 처분		217,878		358,284	
13. 유형자산의 취득		(49,430,428)		(47,122,106)	
14. 무형자산의 처분		23,462		1,752	
15. 무형자산의 취득		(3,696,304)		(2,706,915)	
16. 사업결합으로 인한 현금유출액		(31,383)		(5,926)	
17. 매각예정자산의 처분으로 인한 현금유입액		-		661,168	
18. 기타투자활동으로 인한 현금유출입액		(413,035)		8,129	

투자활동 현금흐름을 보자. 투자활동 현금흐름은 마이너스 32

조 원이다. 자산을 구입하느라 쓴 현금이 자산을 처분해서 들어온 현금보다 많다. 유무형자산을 구입하는 데 53조 원을 썼다. 매년 50조 원씩 투자한다는 이야기가 바로 여기에서 나온다. 영업활동 현금흐름 62조 원에서 유무형자산 취득금액 53조 원을 빼면 잉여 현금흐름을 구할 수 있다. 잉여현금흐름은 9조 원이다.

III. 재무활동 현금흐름			(19,390,049)		(23,991,033)
1. 단기차입금의 순증가(감소)	27	(8,339,149)		(2,616,943)	
2. 장기차입금의 차입	27	271,997		58,279	
3. 사채 및 장기차입금의 상환	27	(1,508,465)		(894,749)	
4. 배당금의 지급		(9,814,426)		(20,510,350)	
5. 비지배지분의 증감		(6)		(27,270)	
IV. 매각예정분류			–		139
V. 외화환산으로 인한 현금의 변동			(539,198)		1,582,046
VI. 현금및현금성자산의 증가(감소)(I+II+III+IV+V)			10,649,295		9,648,837
VII. 기초의 현금및현금성자산			39,031,415		29,382,578
VIII. 기말의 현금및현금성자산			49,680,710		39,031,415

이제 재무활동 현금흐름을 보자. 재무활동으로 19조 원을 썼다. 배당금을 지급하는 데 약 10조 원을 썼고, 10조 원 가까이 돈을 갚 았다.

영업활동으로 62조 원 벌어서 투자활동에 32조 원을 쓰고 재무 활동에 19조원을 썼다. 그래도 11조 원이 남는다. 남은 11조 원은 1월 1일에 있었던 현금및현금성자산 39조 원에 더해져 12월 31일 기준 50조 원이 된다. 이 금액은 재무상태표의 유동자산 중 현금및 현금성자산과 일치한다.

현금흐름표를 보니 회사가 잘나가고 있다는 게 한눈에 보이지 않는가? 재무상태표로 회사의 건강상태를 검진하고, 손익계산서로 회사의 성적표를 확인하고, 현금흐름표로 기업의 실태 파악과 손익계산서의 이익이 진짜인지 가짜인지 구별할 수 있다.

4장

자본변동표와 주석

재무제표 기타등등을 무시하지 마라.
자본의 변동사항을 알려주는 자본변동표와
재무제표의 별책부록인 주석.

01

자본변동표

자본변동표는 자본금, 자본잉여금, 이익잉여금, 자본 조정, 기타 자본항목 등 자본의 변동을 알 수 있게 만든 표다. 자본이 무슨 이유로 증가하고 감소했는지 항목별로 알 수 있다.

자본변동표를 보는 것은 사실 간단하다. 무엇 때문에 자본이 변동했는지를 중심으로 보면 된다.

자본금과 자본잉여금을 합쳐서 납입자본, 사업을 잘해서 이익이 쌓여 있는 이익잉여금의 변동을 유심히 보자! 특히 이익잉여금이 꾸준히 늘어야 좋은 회사다.

자본변동표는 숫자만 나오지만 관련 내용이 궁금하다면 주석에서 꼭 검색해보자. 예를 들어 배당 관련 내용이나 이익잉여금의 구성이 궁금하다면 주석에서 이익잉여금을 검색해보자.

연 결 자 본 변 동 표

제 54 기 : 2022년 1월 1일부터 2022년 12월 31일까지

제 53 기 : 2021년 1월 1일부터 2021년 12월 31일까지

삼성전자주식회사와 그 종속기업

(단위 : 백만원)

과 목	주석	지배기업 소유주지분						비지배지분	총 계
		자본금	주식발행초과금	이익잉여금	기타자본항목	매각예정분류 기타자본항목	소 계		
2021.1.1(전기초)		897,514	4,403,893	271,068,211	(8,687,155)	(12,132)	267,670,331	8,277,685	275,948,016
I. 총포괄손익									
1. 당기순이익		-	-	39,243,791	-	-	39,243,791	663,659	39,907,450
2. 기타포괄손익-공정가치금융자산평가손익	6, 20	-	-	3,232,934	(359,117)	-	2,873,817	107,079	2,980,896
3. 관계기업 및 공동기업의 기타포괄손익에 대한 지분	9, 20	-	-	-	225,464	-	225,464	(13,485)	211,979
4. 해외사업장환산외환차이	20	-	-	-	7,164,982	-	7,164,982	118,638	7,283,620
5. 순확정급여부채(자산) 재측정요소	14, 20	-	-	-	(520,552)	-	(520,552)	(4,054)	(524,606)
6. 현금흐름위험회피파생상품평가손익	20	-	-	-	50,410	-	50,410	-	50,410
7. 매각예정분류		-	-	-	(12,132)	12,132	-	-	-
II. 자본에 직접 인식된 주주와의 거래									
1. 배당	19	-	-	(20,480,721)	-	-	(20,480,721)	(32,005)	(20,512,726)
2. 연결실체내 자본거래 등		-	-	-	-	-	-	12,553	12,553
3. 연결실체의 변동		-	-	-	-	-	-	(477,617)	(477,617)
4. 기타		-	-	548	9,627	-	10,175	9,781	19,956
2021.12.31(전기말)		897,514	4,403,893	293,064,763	(2,128,473)	-	296,237,697	8,662,234	304,899,931
2022.1.1(당기초)		897,514	4,403,893	293,064,763	(2,128,473)	-	296,237,697	8,662,234	304,899,931
I. 총포괄손익									
1. 당기순이익		-	-	54,730,018	-	-	54,730,018	924,059	55,654,077
2. 기타포괄손익-공정가치금융자산평가손익	6, 20	-	-	(38,937)	(1,867,530)	-	(1,906,467)	(63,031)	(1,969,498)
3. 관계기업 및 공동기업의 기타포괄손익에 대한 지분	9, 20	-	-	-	(51,848)	-	(51,848)	1,338	(50,510)
4. 해외사업장환산외환차이	20	-	-	-	4,863,930	-	4,863,930	20,956	4,884,886
5. 순확정급여부채(자산) 재측정요소	14, 20	-	-	-	1,122,367	-	1,122,367	31,312	1,153,679
6. 현금흐름위험회피파생상품평가손익	20	-	-	-	(12,893)	-	(12,893)	-	(12,893)
II. 자본에 직접 인식된 주주와의 거래									
1. 배당	19	-	-	(9,809,437)	-	-	(9,809,437)	(5,523)	(9,814,960)
2. 연결실체내 자본거래 등		-	-	-	-	-	-	(176)	(176)
3. 연결실체의 변동		-	-	-	-	-	-	124	124
4. 기타		-	-	-	12,775	-	12,775	(7,831)	4,944
2022.12.31(당기말)		897,514	4,403,893	337,946,407	1,938,328	-	345,186,142	9,563,462	354,749,604

직장인이여 회계하라

19. 연결이익잉여금:

가. 보고기간종료일 현재 연결이익잉여금의 내역은 다음과 같습니다.

(단위 : 백만원)

구　　　　분	당기말	전기말
임의적립금 등	192,294,496	170,814,107
연결미처분이익잉여금	145,651,911	122,250,656
계	337,946,407	293,064,763

나. 당기 및 전기 중 배당금 산정 내역은 다음과 같습니다.

(1) 분기배당 (배당기준일: 2022년과 2021년 3월 31일, 6월 30일, 9월 30일)

(단위 : 주, %, 백만원)

구　　분			당기	전기
1분기	배당받을 주식	보통주	5,969,782,550주	5,969,782,550주
		우선주	822,886,700주	822,886,700주
	배당률(액면가 기준)	보통주·우선주	361%	361%
	배당금액	보통주	2,155,092	2,155,092
		우선주	297,062	297,062
		계	2,452,154	2,452,154
2분기	배당받을 주식	보통주	5,969,782,550주	5,969,782,550주
		우선주	822,886,700주	822,886,700주
	배당률(액면가 기준)	보통주·우선주	361%	361%
	배당금액	보통주	2,155,092	2,155,092
		우선주	297,062	297,062
		계	2,452,154	2,452,154
3분기	배당받을 주식	보통주	5,969,782,550주	5,969,782,550주
		우선주	822,886,700주	822,886,700주
	배당률(액면가 기준)	보통주·우선주	361%	361%
	배당금액	보통주	2,155,092	2,155,092
		우선주	297,062	297,062
		계	2,452,154	2,452,154

(2) 기말배당 (배당기준일: 2022년과 2021년 12월 31일)

(단위 : 주, %, 백만원)

구　　분		당기	전기
배당받을 주식	보통주	5,969,782,550주	5,969,782,550주
	우선주	822,886,700주	822,886,700주
배당률(액면가 기준)	보통주	361%	361%
	우선주	362%	362%
배당금액	보통주	2,155,092	2,155,092
	우선주	297,884	297,884
	계	2,452,976	2,452,976

02

말하고 싶지 않은
비밀을 보여주는 주석

    주석은 재무제표를 이해할 때 필요한 정보를 추가로 제공한다. 재무제표만 보고 주석은 안 보는 경우가 많다. 주석을 보면 말을 참 딱딱하게 써놔서 읽히지가 않는데, 어렵다고 회피하면 안 된다. 전과 비교해서 급격히 증가했거나 감소한 계정은 주석을 찾아서 자세히 살펴보자. 재무제표 계정마다 번호가 적혀 있다. 계정에 대한 세부 내용이 궁금할 때 이 번호를 따라가면 주석에서 내용을 상세히 알 수 있다.

    IFRS가 적용되면서 재무제표 작성의 가장 큰 애로점이 바로 주석이다. 주석의 양이 2~3배로 많아졌기 때문이다. 회계어를 공부하면서 주석 읽기를 게을리하지 말아야 한다. 사기챔피언 회사도 재무제표와 주석만 잘 봤다면 잡아낼 수 있었다. 중간에 어려운 용어들은 회사 이름과 용어를 같이 검색해보자. 그럼 회계적으로 접근해서 기사를 작성하는 매체들의 도움을 얻을 수 있다.

주석에는 돈을 어디서 빌렸고, 이자는 얼마고, 특수관계자 누구와 거래는 얼마나 했고, 소송 중인 건 뭐가 있고 등등 재무제표에 없는 내용을 잔뜩 담고 있다. 회사가 말하고 싶지 않은 비밀이 주석에 숨어 있다! 내가 다니는 회사의 주석은 기본이고, 관심 있는 회사 또는 투자하고 있는 회사의 주석은 꼭 출력해서 재무제표와 함께 보자. 언제 읽으면 좋으냐면 잠 안 올 때 읽으면 바로 꿀잠에 빠진다.

주석

제 54 기 : 2022년 12월 31일 현재
제 53 기 : 2021년 12월 31일 현재

삼성전자주식회사와 그 종속기업

1. 일반적 사항:

가. 연결회사의 개요

삼성전자주식회사(이하 "회사")는 1969년 대한민국에서 설립되어 1975년에 대한민국의 증권거래소에 상장하였습니다. 회사 및 종속기업(이하 삼성전자주식회사와 그 종속기업을 일괄하여 "연결회사")의 사업은 DX 부문, DS 부문, SDC, Harman으로 구성되어 있습니다. DX(Device eXperience) 부문은 TV, 냉장고, 휴대폰, 통신시스템 등의 사업으로 구성되어 있으며, DS(Device Solutions) 부문은 메모리, Foundry, System LSI 등으로 구성되어 있습니다. SDC는 디스플레이 패널 사업을 영위하며, Harman은 전장부품사업 등을 영위하고 있습니다. 회사의 본점 소재지는 경기도 수원시입니다.

기업회계기준서 제1110호 '연결재무제표'에 의한 지배회사인 회사는 삼성디스플레이㈜ 및 Samsung Electronics America, Inc. (SEA) 등 232개의 종속기업을 연결대상으로 하고, 삼성전기㈜ 등 37개 관계기업과 공동기업을 지분법적용대상으로 하여 연결재무제표를 작성하였습니다.

5장

부실기업
재무제표 읽기

2008년 세계 금융위기를 다룬 영화 〈빅쇼트〉에는 이런 말이 나온다.

"은행이 어려운 용어를 쓰는 이유는 우리의 관심을 다른 데로 돌리고 자기 마음대로 일을 처리하기 위해서다."

여기에서 '은행'을 '회계 전문가'로 바꿔보자.

"회계 전문가가 어려운 용어를 쓰는 이유는 우리의 관심을 다른 데로 돌리고 자기 마음대로 일을 처리하기 위해서다."

맞다. 그러므로 우리는 반드시 회계를 알아야 한다. 그래야 당하지 않는다.

맛있는 분식이 아니다.
화장하듯 숫자를 꾸미는 분식회계.

분식회계는 기업의 악랄한 거짓말이다!

소름 끼치는 사기챔피언
부실기업 재무제표 읽기

앞서 현금흐름표에서 나왔던 사기챔피언은 국무총리 포상, 수출의 탑, 품질우수기업 등 상을 휩쓸고, 압도적인 수출 실적으로 날아다녔던 회사였다. 그러다가 시중 은행 10곳에서 3조 4000억 원 사기 대출을 받은 것이 밝혀졌고, 대표는 징역 23년을 선고받았다. 히든챔피언에서 사기챔피언으로 몰락한 회사의 연결재무제표를 보자.

현금및현금성자산이 738억 원으로 굉장히 많다. 전년보다 137억 더 증가했다. 이 회사는 압도적인 수출 실적으로 주목을 받는 회사인데 현금이 왜 이렇게 많을까? 이 정도 규모의 기업은 대부분 현금을 재고를 만들어서 팔고 매출채권을 회수해서 현금으로 들어오게 만드는 데 써야 하는데 말이다. 현금흐름표를 보면 영업활동 현금흐름이 마이너스다. 그렇다면 이 현금은 어디서 온 것인

(단위 : 원)

과 목	제 10(당) 기	제 9(전) 기
자 산		
I. 유동자산	359,177,133,142	258,879,697,545
당좌자산	183,333,702,097	151,798,859,954
현금및현금성자산(주석 3)	73,814,688,365	60,068,808,213
정부보조금	(1,169,366,035)	(2,530,916,675)
단기금융상품(주석 4)	2,196,000,000	3,404,614,900
단기매매증권	247,798,619	136,454,843
매출채권(주석 5)	93,425,173,529	78,284,681,203
단기대여금	9,094,296,530	7,408,925,830
대손충당금	(5,720,546,530)	(4,032,337,099)
미수금	5,202,784,071	4,006,559,149
대손충당금	(44,164,142)	(20,251,723)
정부보조금	(405,620,499)	(257,302,733)
미수수익	475,441,604	97,795,192
선급금	3,203,039,386	4,305,748,418
선급비용	272,350,124	415,412,719
당기법인세자산	8,163,355	9,417,530
이연법인세자산(주석 16)	2,733,663,720	501,250,187
재고자산(주석 6)	165,829,998,398	107,080,837,591
매각예정비유동자산(주석 11)	10,013,432,647	-

지 의구심이 생긴다. 먼저 현금및현금성자산의 내역을 주석으로
찾아보자.

현금및현금성자산의 내역에서 눈에 띄는 것이 외화예금(외국 돈
으로 입금된 예금)이다. 외화예금이 221억이나 증가했다. 단기차입금
이 1290억이나 되는 회사다. 당장 갚을 돈이 많은 회사인데 왜 이
렇게 많은 외국 돈을 예금으로 넣었을까? 알고 보니 대출받은 돈
을 해외로 빼돌려서 세탁한 돈이었다. 바로 횡령으로 만든 비자금

3. 현금및현금성자산

(단위: 천원)

구 분	2013.12.31	2012.12.31
현금	2,060	8,943
보통예금	25,864,878	34,294,617
외화예금	47,947,750	25,765,248
소 계	73,814,688	60,068,808
정부보조금	(1,169,366)	(2,530,916)
합 계	72,645,322	57,537,892

연 결 손 익 계 산 서
제 10기 2013년 1월 1일부터 2013년 12월 31일까지
제 9 기 2012년 1월 1일부터 2012년 12월 31일까지

(단위 : 원)

과 목	제 10(당) 기	제 9(전) 기
I. 매출액(주석 19, 27)	1,273,736,711,307	932,530,922,353
II. 매출원가(주석 20)	1,087,360,442,797	789,414,285,676
III. 매출총이익	186,376,268,510	143,116,636,677
IV. 판매비와관리비(주석 21)	75,985,808,744	54,993,025,827
V. 영업이익	110,390,459,766	88,123,610,850

이었던 것이다.

이 회사는 매출이 매년 증가하고 있다. 그런데 재고자산이 전년
도보다 587억이나 증가했다. 매출이 증가하고 있는데, 재고자산이
증가했다? 허니버터칩을 떠올려보자.

허니버터칩이 한창 잘 팔릴 때 구하기도 힘들었다. 그런데 이
사기챔피언은 잘 팔리고 있으면서 재고도 함께 늘어난다. 잘 팔릴
것을 미리 예측해서 엄청나게 많이 생산했을까? 또는 생산 설비에
많은 돈을 투자하고 하청업체에 생산 외주를 줬을까? 어떤 것도
해당되지 않았다.

알고 보니 1만 원짜리 홈시어터를 250만 원으로 뻥튀기해서 재고자산을 잡고 있었다. 감사 기간에 실사를 하러 가면 평소엔 아무도 일하지 않는 사무실과 공장에 사람과 빈 박스들을 가득 채워놓고 30억 원을 들여서 연극을 했다고 한다.

재고자산이 너무 많은 회사는 매출액과 함께 살펴보면서 의심해봐야 한다. 이 회사에 근무했던 전 직원에 따르면 제대로 된 생산 라인이 없었고, 생산 직원들과 공장이 어디에 있는지 직원들조차 몰랐다고 한다.

매출액이 1조를 넘었고, 모든 비용을 제하고 남은 당기순이익이 602억에 달한다. 그런데 현금흐름표에서 영업활동으로 인한 현금흐름이 -15억이다. 이게 말이 될까? 들어오는 현금이 없다는 것이다. 영업활동 현금이 있어야 투자를 하고 재무활동을 할 텐데 말이다.

XII. 연결당기순이익		60,187,511,315	35,536,340,964
XIII.연결당기순이익의 귀속			
1. 지배기업지분			
계속사업이익		59,966,452,180	35,216,131,664
중단사업이익		–	588,226,949
2. 비지배지분			
계속사업이익(손실)		221,059,135	(902,504,658)
중단사업이익		–	634,487,009

다음 페이지의 표를 보면 수익성 지표와 현금흐름이 정반대로 가고 있는 걸 확인할 수 있다. 이익을 냈지만 회사는 현금이 없어서 대출로 연명하는 처지다.

구분	2013년	2012년	2011년
매출액	1조 2737억	9325억	4996억
영업이익	1104억	881억	420억
당기순이익	602억	355억	199억
영업활동 현금흐름	−15억	16억	173억

연 결 현 금 흐 름 표
제 10기 2013년 1월 1일부터 2013년 12월 31일까지
제 9 기 2012년 1월 1일부터 2012년 12월 31일까지

(단위 : 원)

과 목	제 10(당) 기		제 9(전) 기	
Ⅰ. 영업활동으로 인한 현금흐름		(1,513,705,618)		1,684,079,602
1. 연결당기순이익	60,187,511,315		35,536,340,964	
2. 현금의 유출이 없는 비용등의 가산	43,542,183,752		28,261,341,791	
퇴직급여	1,578,986,350		1,247,365,262	
감가상각비	2,581,867,547		2,816,721,920	
대손상각비	12,125,866,844		1,313,688,173	
무형자산상각비	508,138,687		503,406,567	
외화환산손실	724,184,267		1,434,911,118	
단기매매증권평가손실	3,371,960		–	
매도가능증권처분손실	112,971,043		–	
매도가능증권손차손	45,900,000		334,772,727	
무형자산상차손	–		21,931,000	
지분법손실	5,026,142,829		4,803,243,171	
지분법적용투자주식손상차손	509,019,935			
매출채권처분손실	13,660,765,764		10,714,083,531	

　　매출액 증가가 아니라 영업활동으로 인한 현금흐름이 많아야 실제 거래가 잘 이루어져 있는 것이다. 진짜 가짜를 구별해주는 현금흐름표를 분석해보니 이 회사의 실체가 드러났다. 기상천외한 일이다. 왜 이걸 이상하게 생각하지 못했을까?

　　이 회사는 재고 가격을 부풀리고, 허위 매출을 만들었다. 매출이

가짜니 매출채권도 가짜다. 돈을 받을 곳이 없는 것이다. 이 매출채권을 시중 은행에 팔고 그것으로 대출을 받았다. 이 매출채권을 산 시중 은행은 누구에게 돈을 받을 수 있을까?

회계법인의 감사 의견은 재무제표가 적합하게 작성되었다는 적정의견[감사인이 재무제표가 회계기준에 적합하게 작성됐으면 회계감사 보고에 내는 의견이다. 그 밖에 한정의견(일부가 부적정하게 작성), 부적정의견(대부분 부적정하게 작성), 의견거절(감사 범위 제한)이 있음]이었다. 재무제표에서 수상한 점을 찾아볼 수 없었던 걸까? 회사의 대사기극에 감사인도 홀딱 넘어간 걸까?

외부감사인의 감사보고서

주주 및 이사회 귀중   2014년 3월 21일

본 감사인은 첨부된 주식회사 모뉴엘과 그 종속회사의 2013년 12월 31일과 2012년 12월 31일 현재의 연결재무상태표와 동일로 종료되는 양 회계연도의 연결손익계산서, 연결자본변동표 및 연결현금흐름표를 감사하였습니다. 이 연결재무제표를 작성할 책임은 회사 경영자에게 있으며 본 감사인의 책임은 동 연결재무제표에 대하여 감사를 실시하고 이를 근거로 이 연결재무제표에 대하여 의견을 표명하는데 있습니다. 다만, 2013년 12월 31일과 2012년 12월 31일 현재 주식회사 모뉴엘과 그 종속회사의 자산총액의 28%와 37% 및 동일로 종료되는 양 회계연도의 매출액의 10%와 12%를 차지하고 있는 일부 종속회사의 재무제표에 대하여는 타감사인의 감사보고서를 의견명의 기초로 이용하였습니다.

본 감사인은 대한민국의 회계감사기준에 따라 감사를 실시하였습니다. 이 기준은 본 감사인이 연결재무제표가 중요하게 왜곡표시되지 아니하였다는 것을 합리적으로 확신하도록 감사를 계획하고 실시할 것을 요구하고 있습니다. 감사는 연결재무제표의 금액과 공시 내용을 뒷받침하는 감사증거에 대하여 시사의 방법을 적용하여 검증하는 것을 포함하고 있습니다. 또한 감사는 연결재무제표의 전반적인 표시내용에 대한 평가뿐만 아니라 연결재무제표 작성을 위해 경영자가 적용한 회계원칙과 유의적 회계추정에 대한 평가를 포함하고 있습니다. 본 감사인이 실시한 감사가 감사의견 표명을 위한 합리적인 근거를 제공하고 있다고 본 감사인은 믿습니다.

회사가 망해가고 있는 상황에 대표는 70억 배당금을 챙겨 갔다. 배짱 한번 두둑하다. 이런 회사를 히든챔피언이라고 부추기며 돈을 못 갚으면 대신 갚아주겠다는 보증서를 남발한 무역보험공사는 뭘까? 또 보증서만 믿고 재무제표는 제대로 분석하지 않은 채 대출해준 시중 은행들은 또 뭘까? 3조 4000억 원이라는 국민의 재산을 사기꾼에게 빌려준 꼴이다.

다행히 대출금 전액을 회수한 시중 은행이 있었다. ○○은행 계약직 사원은 재무제표로만 판단 내리지 않고 해외 인터넷 쇼핑몰까지 들어가서 제품을 확인했고, 구매까지 시도해보면서 철저하게 검증했다. 그리고 실체 없는 회사임을 판단하고 대출금 850억 전액을 회수하기로 결정했다.

매년 50%씩 성장하는 한창 잘나가는 회사이고, 대출금 전액 회수는 거래를 완전히 끊는 거나 마찬가지니 은행 영업부에서 격렬하게 반대했다고 한다. 그러나 해당 직원은 소신 있게 설득하고 밀어붙여서 대출금 전액을 회수했다. 1년 후 이 회사는 법정관리에 들어갔다. 대출금 전액 회수에 가장 큰 기여를 한 계약직 사원은 포상금도 받고 정규직이 되었다. 참, 포상금은 300만 원이었다.

재무제표만 똑바로 봤어도 3조 4000억 대출 사기는 없었을 것이다. 또 법정관리 전 전액 회수가 가능했을 것이다. 손익계산서의 이익에 속아 넘어가지 말자. 그 이익이 진짜인지 가짜인지 구별해주는 현금흐름표를 꼭 확인하자. 이익과 돈을 버는 것은 다른 말이다. 돈을 버는 것은 바로 현금을 벌어들이는 것이다.

　이 사건은 투자자, 정부, 금융권 모두 이익에만 눈이 멀었기 때문에 발생했다. 그리고 이 사건이 더 나빠진 건 분식회계로 인한 사기 대출과 도덕적 해이가 비빔밥처럼 섞여버렸기 때문이다.

02
은밀하고 못난
분식회계와 비자금

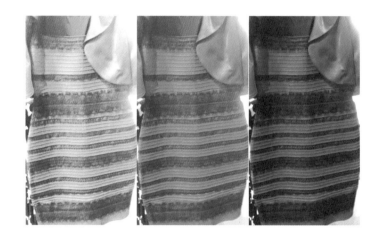

예전에 SNS를 뜨겁게 달궜던 드레스 색깔 논란을 기억하는가?
트위터에 올라온 드레스 사진 한 장이 엄청난 파장을 일으켰다. 사
람들은 이 사진을 보고 화이트골드다, 블루블랙이다 말하며 드레

스 색깔 하나 때문에 싸웠다. 심지어 CNN, 〈뉴욕 타임스〉, ABC 등 유명 언론들까지 참전할 정도였으니 그야말로 글로벌한 논쟁거리였다.

나는 블루블랙, 아내는 화이트골드라고 주장했고, 서로 색맹 아니냐며 인신공격까지 했다. 나중에는 이 전쟁에 장인어른과 장모님까지 가세했다. 결국 드레스의 색깔은 블루블랙이었다. 화이트골드라고 외쳤던 사람들은 무척 억울해하며 자신의 눈을 탓했다. 왜 화이트골드로 보였을까?

의학계에 따르면 눈에 있는 망막세포의 예민함 차이 때문이라고 한다. 망막세포가 예민하면 원추세포가 작동을 잘 못해서 간상세포가 흰색으로 보기 때문에 화이트골드로 인식한다는 것이다. 그리고 뇌가 한 번 그렇게 인식하면 틀린 정보라 할지라도 쉽게 바뀌지 않는다고 한다.

이런 비슷한 경험을 해본 적 있을 것이다. '패션 핫플레이스'로 불리는 신사동 가로수길. 이곳엔 화려한 패션 매장들이 많다. 통유리 전면에 은은한 조명을 설치하고 미술품처럼 옷들을 걸어놨다. 카드를 실컷 긁고 나서 집에 달려와 옷을 꺼내 입어봤더니 막상 형광등 아래서 '아? 이런 색깔이 아니었는데!' 할 때가 있다.

블루블랙인데 화이트골드로 보이게 하는 것, 이처럼 사람의 눈을 속이는 것이 바로 분식회계다. 그래서 분식회계를 영어로 'window dressing settlement', 즉 '쇼윈도에 예쁘게 걸린 옷'이라고 표현하기도 한다.

분식회계는 화장이다

분식회계의 분식은 떡볶이, 순대, 어묵 같은 맛있는 분식이 아니다. 분식회계의 분식은 가루 분粉, 꾸밀 식飾으로 속에 있는 것을 감추고 겉만 그럴듯하게 보이도록 화장을 하는 것을 말한다.

분식회계는 악랄한 기업의 거짓말이다. 분식회계는 재무상태나 실적을 좋아 보이도록 꾸며서 대출을 받고 비자금을 조성하는 데 쓰인다. 반대로 실적을 축소해서 세금을 덜 내는 역분식도 있다. 분식회계는 마약과 같아서 한 번 하면 계속해서 하게 된다. 이것을 막는 일은 자수를 하거나 적발하는 수밖에 없다.

분식회계로 매출을 부풀려 3조 원대 사기 대출 범죄를 저지른 한 회사의 대표는 구속되면서 "누군가 이 사기극을 멈춰주길 바랐다"고 했다. 분식회계로 인한 피해는 회사 임직원, 투자자, 금융기관, 국세청 등 너무나 많은 사람들이 입게 된다.

분식회계의 가장 대표적인 방법은 매출액과 매출채권을 부풀리는 것이다.

실물 없이 세금계산서만 이동
매출액과 매입액으로 계상

구분	A	B
매출(수익)	120억	120억
매입(비용)	-120억	-120억
현금	0	0

예를 들어 A회사와 B회사가 돈과 물건은 주고받지 않고 120억원의 세금계산서만 주고받는 것이다. 거래를 증명하는 서류인 증빙만 왔다 갔다 해서 서로 매출(수익)과 매입(비용) 계정에 각각 120억 원이 올라간다. 매출만 봤을 때 120억이 늘었으니 마치 성장한 것으로 보인다. 은행은 이 회사의 성장성을 보고 대출을 해주거나 투자자들은 투자를 할 수 있다. 매출액 외에도 매출채권, 재고자산을 조작해서 자산을 부풀리는 경우도 있다.

두 번째 분식회계 방법은 올해 발생한 비용을 내년으로 넘기거나 발생하지도 않은 내년 매출을 올해로 당기는 식이다. 예전에 한 대기업이 우유 제품을 대리점에 강제로 떠밀고 영업사원이 대리점주에게 수시로 막말을 일삼아 갑질 논란이 벌어졌다. 대리점에서 요청하지도 않은 제품을 밀어내면 본사는 매출이 일어난다. 반면 대리점은 비용을 떠안게 돼 고스란히 피해를 입게 된다. 밀당 분식회계 방법은 이와 같은 강매 방식과 비슷하다.

세 번째 분식회계 방법은 있지도 않은 매출을 마치 있는 것처럼 가짜 거래를 만들어서 조작하는 방법이다. 앞에서 설명한 사기챔피언이 사용한 분식회계 방법이다. 1만 원짜리 폐품을 250만 원에 판매한 것처럼 꾸미고, 해외 거래처에 엄청난 커미션을 주고 거짓 수출을 했으며, 해외 페이퍼컴퍼니를 이용해 허위 매출을 만든 것이다.

"친구 따라 강남 간다"는 말이 있는데, 회계에선 보통 "분식하다 감방 간다"라고 변형해 쓴다. 분식회계는 절대 저지르면 안 되는 나쁜 불장난이다. 몰라서 저지르는 실수도 치명적일 수 있다.

분식회계의 파트너, 비자금

분식회계의 영원한 파트너는 비자금이다. 정치계의 큰손, 대기업의 로비 하면 떠오르는 게 비자금이다. 물론 직장에서 받은 월급 중 일부를 떼서 아내 모르게, 혹은 남편 모르게 비자금을 조성하는 사람들도 있지만, 기업의 비자금은 차원이 다르다. 비자금을 조성한 확실한 증거를 발견하면 검찰은 제일 먼저 회계팀을 압수 수색하고 담당자를 소환해 회계장부를 압수한다. 분식회계를 하지 않고서는 비자금을 절대 조성할 수 없기 때문이다.

회계장부 조작, 허위 거래, 차명계좌 이용은 비자금 조성을 위한 필수 스펙이다. 기업들이 불법으로 조성한 비자금은 대부분 정치권 로비자금으로 사용된다. 정치적인 힘으로 문제를 해결하는 관행이 여전한 것이다. 비자금 때문에 대기업 총수 여럿이 감옥에서 비참한 생활을 하고 있다. 비자금은 경영자가 마음만 먹으면 조성할 수 있다.

다음과 같은 상황이라면 분식회계나 비자금을 의심하자.

제품 재고 분실이 증가했다.

직원이 6명인데 급여는 7명에게 지급됐다.

매각하는 자산이 늘고 매각 손실도 늘었다.

특정 회사에서 매입하는 규모가 늘었다.

매출액이 늘었는데, 재고자산도 늘었다.

당기순이익은 증가했는데 영업활동 현금흐름은 오히려 감소했다.

제품을 판매한 금액과 세금계산서 금액이 맞지 않는다.

〈감사법인〉이란 일본 드라마를 추천해본다. 엄격한 회계감사를 통해 분식회계를 가려내는 회계사와 분식회계 기업의 싸움을 그린 드라마다. 총 6편의 에피소드로 구성되어 있는데 이 드라마만 봐도 분식회계에 대해서 마스터할 수 있다.

03
회계의 불편한 진실: 회계정보를 100% 믿을 수 없다

하야시 아츠무는 《회계학 콘서트》에서 회계는 주관이 개입된 요약된 근사치며 눈속임 그림이라고 말한다. 그 이유는 다음과 같다.

우선, 일정 기간 동안 경영성과를 측정하기 위해 추정과 가정이 들어가는데, 1년이라는 회계 기간으로 인해 경영자는 이익 조작의 유혹에 빠지게 된다. 1년 동안 단기 실적을 높이면 자신의 평판과 명성이 높아지고 인정받을 수 있기 때문이다. 회사는 살아남는 것이 목적이다. 그런데 경영자가 단기 실적에 눈이 멀면 살아남을 힘을 상실해버린다.

둘째, 회계정보는 회사의 모든 것을 말해주지 않는다. 회계정보에는 브랜드 가치, 고객의 충성도가 반영되지 않는다. 측정할 수 없기 때문이다. 또 일하는 직원들이 어떻게 일하고 있는지 알 수 없다. 그래서 숫자 뒷면의 이야기를 주목해야 한다.

$$3 + 3 + 3 = 346$$

퀴즈를 하나 풀어보자. 위의 공식을 직선 한 개를 이용해서 참으로 만들어보는 것이다. 두 가지 방법이 있다.

$$3 + 3 + 3 \neq 346$$

위의 등식은 누구나 맞힐 수 있다. 나머지 방법은 파격적으로 접근해야 한다. 지금까지 내 강연을 들었던 분들 중 5명만 맞혔다.

$$3 4 3 + 3 = 346$$

'3+3'을 직선을 이용해 '343'으로 만들었다.
이렇게 회계정보를 읽을 때도 '파격'이 필요하다. 드러난 숫자만 보지 말고 숫자 뒷면의 이야기를 읽을 수 있어야 한다.

케빈 코스트너의 〈드래프트데이〉라는 영화가 있다. 미국 최고 인기 스포츠인 미식축구의 '드래프트데이'를 다룬 영화다. 신인 선수를 지명하는 빅 이벤트를 몇 시간 앞두고, 1순위 지명권을 가진 팀의 단장인 서니(케빈 코스트너 분)는 고민에 빠진다. '우리가 지명하려는 선수가 과연 팀에 최고의 선수일까?' 선수의 능력치만 본다면 데려오기만 해도 우승 가능성이 높아진다. 하지만 서니는 직감을 믿고 지명하려는 선수에 대해 온갖 정보를 수집한다. 그러다가 선수의 옛 코치로부터 이 선수의 생일파티에 팀원 누구도 참석하지 않았다는 이야기를 듣는다. 이 선수가 팀워크를 해치고 교만하다는 뜻이다. 미식축구의 생명은 팀워크인데 아무리 실력이 뛰어나도 팀워크를 깨뜨리면 아무 소용이 없다. 결국 서니는 드래프트데이에 지명을 철회하고 긴박한 상황 속에서 탁월한 선택을 하게 된다.

회계정보를 읽을 때는 우리 팀에 맞는 최고의 선수를 드래프트하듯 해야 한다. 내가 관심을 갖고 있는 회사가 있다면 회사를 찾아가 보고, 회사에 아는 사람이 있다면 회사에 대한 이야기를 직접 들어봐야 한다. 또한 인터넷을 통해 회사에 대한 온갖 자료를 수집하고 회사의 비즈니스를 정확히 이해해야 한다. 비즈니스 모델과 경영전략을 한 눈에 볼 수 있는 비즈니스 모델 캔버스를 활용해서 회사의 비즈니스를 이해해보자. 포털사이트에서 비즈니스 모델 캔버스를 검색하자!

유능한 애널리스트는 재무제표를 꼼꼼히 보고 기업가치를 평가한다. 하지만 회계 수치만 믿고 회사를 판단하지 않는다. 회사의 IR Investor Relations (투자 홍보) 담당자를 만나서 정보를 얻고, 직원들이 일하는 모습과 업무 환경을 유심히 살펴보며, 직원들이 업무에 대해 얼마나 이해하고 있는지를 인터뷰한다. 또 회사의 제품을 사용하는 고객들을 만나서 이야기를 듣고, 직접 제품을 사용해본다. 그리고 인터넷에서 회사에 대한 모든 정보를 검색하고 난 후에야 투자 전략을 세우고 투자정보서를 만든다. 회계정보에 적힌 숫자만 믿지 말고, 뒷면의 이야기를 들여다봐야 살아 있는 정보를 얻을 수 있다.

이렇게 해서 전설적인 투자자가 된 사람이었다. 바로 피터 린치다. 주식투자를 공부한다면 피터 린치가 쓴 투자 3부작《전설로 떠나는 월가의 영웅들》,《피터 린치의 이기는 투자》,《피터 린치의 투자 이야기》를 꼭 읽어보자.

투자를 공부할 때 주의할 점이 있다. 스타 애널리스트라고 해서 맹목적인 신뢰는 하지 말자! 주가를 띄우는 보고서를 내고 자기는 주식을 팔아치우는 사기꾼 애널리스트들이 있지 않았는가! 또 슈퍼개미라고 해서 주식을 보유한다고 구독자들에겐 떠들어놓고선 자기는 팔고 빠지는, 슈퍼개미가 아니라 슈퍼거미 같은 자도 있었다. 투자 세계에는 과연 전문가가 있을까? 내가 열심히 공부해서 전문가가 되어야 한다.

추가로 추천하는 이건규의《투자의 가치》, 최준철과 김민국의《한국형 가치투자》, 홍진채의《주식하는 마음》도 읽어보자.

회계정보를 읽을 때는
최고 선수를 드래프트하듯
뒷면의 이야기를 들여다보라!

6장

재무제표 읽고
상속받는 상속자 게임

만약, 우리가 드라마 속 주인공들처럼 갑자기 돌아가신 할아버지의 회사를 상속받게 된다면 무엇부터 해야 할까? 그렇다. 재무상태표부터 점검해야 한다. 자칫 깡통기업을 물려받아 빚더미에 오를 수도 있으니까.

　자, 이제 할아버지가 남겨준 회사 스타봉스의 재무제표를 보고 상속 여부를 결정해보자.

　스타봉스는 20년된 제조기업이다. 2022년 12월 31일 현재 총자산 940억 원, 부채 510억 원, 자본 430억 원인 회사다. 부채비율(부채 510억÷자본 430억×100)은 119%다. 갚을 돈이 내 돈보다 많다. 부채를 보면 1년 이내에 갚아야 하는 유동부채가 410억 원으로 부채의 80%를 차지하고 있다. 그 중에 가장 급한 부채는 단기차입금 180

재무상태표

스타봉스　　　　　　20기: 22년 12월 31일 현재　　　　　단위: 억원

자산		부채	
유동자산	**630**	**유동부채**	**410**
현금및현금성자산	80	매입채무	170
매출채권	280	단기차입금	180
(-)대손충당금	−30	기타	60
재고자산	300	**비유동부채**	**100**
비유동자산	**310**	장기차입금	80
토지	50	기타	20
건물	100	**부채총계**	**510**
(-)감가상각누계액	−10	**자본**	
기계장치	150	자본금	5
(-)감가상각누계액	−30	자본잉여금	80
무형자산	60	이익잉여금	345
(-)상각누계액	−10	**자본총계**	**430**
자산총계	**940**	**부채와 자본**	**940**

억 원이다. 1년 이내에 갚을 돈이 180억 원이라니! 장기차입금 80
억 원까지 합치면 이자비용이 발생하고 만기까지 갚아야 하는 총
차입금이 260억 원이다. 유동자산 중 현금및현금성자산을 보면 80

억 원이다.

할아버지가 내게 남겨준 스타봉스를 물려받아야 할까?

자, 이제 우리는 재무제표를 분석해서 상속받을 것인지 말 것인지를 결정해야 한다.

재무제표를 분석해보자

현재 현금및현금성자산이 단기차입금의 반토막이다. 또 현금및현금성자산을 전부 차입금 상환에 쓸 수도 없다. 회사가 돌아가기 위해 꼭 보유해야 하는 현금이 있으니까 말이다. 총자산의 5~10% 정도를 적정보유 현금으로 본다면 스타봉스는 47억~94억 원 정도다. 그럼 차입금 상환에 쓸 수 있는 현금은 여유 있게 잡으면 30억 원 정도된다.

기업의 안정성비율을 계산하면 유동비율이 154%로 단기유동성이 양호해 보이지만, 유동자산에서 재고자산을 뺀 당좌비율은 80%다. 재고자산 비중이 커서 당장 현금화시킬 수 있는 자산이 아쉬운 편이다.

비유동자산을 보면 건물과 기계장치의 취득원가가 각각 100억 원, 150억 원으로 감가상각누계액이 각각 10%, 20%씩이다. 이 말인즉슨 투자가 된 지 얼마 안 되었다는 것이다. 보유현금과 차입금으로 설비투자를 한 것으로 보인다.

그리고 전 사원이 매출채권 회수에 나서거나 또는 은행에 매출채권 담보대출 또는 매출채권의 일부를 수수료를 내고 매출채권을 현금화하는 팩토링factoring을 할 수 있다. 재고자산 중 가치가 떨어지는 자산은 할인율을 더 넣어서 판매하거나 재고자산 처분전문업체에게 넘겨서 현금화하는 것도 방법이다.

현금및현금성자산에서 30억 원. 매출채권에서 90억 원, 재고자산에서 60억 원을 현금화한다면 단기차입금 180억 원은 충분히 감당할 수 있다.

더 나아가 판매량을 검토해 인기제품 위주로 원재료 매입 및 생산을 하고 계약조건을 검토해 매출채권 결제일을 조정한다면 재고자산-판매-매출채권 회수로 이어지는 영업순환을 빠르게 가져갈 수 있다. 그럼 현금흐름이 좋아질 것이다. 여기서는 시장경쟁력을 높일 수 있는지가 관건이다.

유형자산을 담보로 돈을 빌리는 방법도 있다. 담보로 빌려서 급한 불을 끄는 것이다. 이렇게 단기차입금 상환에 다양한 방법이 있으니 안심이다. 중요한 건 자본을 보면 납입자본이 85억 원인데, 지금까지 사업으로 남긴 돈, 이익잉여금이 345억 원이다. 사업으로 까먹은 결손금이 아니라 이익잉여금이 납입자본의 4배다. 지금까지 할아버지가 사업을 잘해온 것이다.

만약 단기차입금 상환에 성공하면 부채총계는 330억 원으로 줄어들어서 자본총계 430억 원보다 100억 원이 적다. 부채비율이 77%로 100% 미만이다.

여러분들은 이 회사를 상속받겠는가? 손익계산서를 보고 결정해도 늦지 않는다.

손익계산서

20기: 22년 1월 1일부터 12월 31일까지

19기: 21년 1월 1일부터 12월 31일까지

18기: 20년 1월 1일부터 12월 31일까지

스타봉스   단위: 억원

유동자산	20기	19기	18기
매출액	2,170	1,880	1,901
매출원가	1,620	1,438	1,541
매출총이익	550	442	360
판매비와 관리비	407	361	394
영업이익	143	81	−34
영업외수익	2	1	3
영업외비용	12	14	4
법인세비용차감전순이익	133	68	−35
법인세비용	24	11	
당기순이익	109	57	−35

손익계산서를 분석해보자

스타봉스 3년 치 손익계산서를 입수했다. 우선 수익성을 평가하자! 우선 매출총이익률은 20기 25%, 19기 24%, 18기 20%다. 영업이익률은 20기 6%, 19기 4%, 18기 −2%다. 19기를 기준으로 생산경쟁력 지표인 매출총이익률과 본업의 성과지표인 영업이익률 모두 좋아지고 있다. 자세히 살펴봐야 하겠지만 지표만 봤을 때는 제품의 판매가를 올렸거나 제조원가를 절감해 마진을 높이고 판관비 컨트롤로 수익성이 개선되고 있는 것으로 보인다.

이제 활동성을 평가해보자

재고자산회전율은 '매출원가 1620÷재고자산 300=5.4회'다. 매출채권회전율은 '매출액 2170÷매출채권 250=8.7회'다. 재고자산회전율이 8회 아래여서 아쉽다. 재고자산 관리에 손을 대야 하는 건 분명해 보인다.

재고자산회전율 5.4회라면 재고소진에 67일이 걸리는 건데 제품 카테고리를 축소하고 판매량을 예측해서 원재료 매입 및 제품생산을 한다면 재고자산회전율을 높일 수 있다. 매출채권회전율은 6회 이상인 8.7회다. 매출채권을 현금으로 회수하는 데 42일 정도 걸린다. 재고자산을 판매하는데 67일, 매출채권 회수에 42일이므로 영업이 한 번 도는 데 109일이 걸린다. 즉 현금이 109일 정도 묶인다는 거다. 이것을 90일 이내로 줄이기 위해 재고자산을 타이트하게 관리해야겠다.

3년 동안 매년 매출액과 영업이익이 증가하고 있다. 영업과정에서 수익성이 개선되고 있고, 차입금 상환이 완료되면 이자비용도 줄일 수 있으므로 순이익은 더 크게 늘어날 것이다. 또 재고자산회전율을 개선한다면 회사의 현금흐름을 더 빨리 가져갈 수 있다.

손자에게 회사를 물려주기 전에 설비투자를 끝내고 매년 사업성과를 높이고 수익성을 개선하기 위해 사활을 거셨던 할아버지의 모습이 눈에 선하다.

그러니 나라면? 스타봉스를 상속받겠다.

5부

당신의
성공을 이끄는
회계 공부법

자! 이제 성공하러 가압시다!

1장

일상에서
회계를 즐겨라

노력하는 사람은

즐기는 사람을 절대 이길 수 없다!

01

머릿속에 회계를 즐겁게 채워보자

우리의 머릿속에 회계 비중은 얼마나 될까? 회사에 입사해서 회계를 처음 만나기 전까지만 해도 내 머릿속에서 회계는 점으로조차 존재하지 않았다. 오로지 연애와 휴가만 있을 뿐이었다.

회계가 무슨 뜻인지도 몰랐다. 교회에서 목사님이 설교 때마다 "회개하고 기도하세요"라고 하셔서 '회계팀'을 '회개팀'으로 착각했을 정도다. 그래서 회계팀이 반성하고 사회에 공헌하는 팀으로 오해했다. 고백하면서도 참 부끄럽다.

회계 업무를 맡은 이상 팀에서 살아남기 위해 회계에 관심을 가질 수밖에 없었다. 《엄청 쉬운 회계》, 《회계 기초》, 《회계인이 알아야 할 100가지》 등 회계 입문서를 구입해서 "독하게 공부해보자!" 부르짖으며 의지를 불태웠지만 금세 질리고 말았다. 외계어 같은 온갖 용어들 때문에 결국 책을 집어 던졌다.

대한민국을 대표하는 뇌과학자 이시형 박사는 《공부하는 독종이 살아남는다》에서 공부를 억지로 하지 말고 뇌를 살살 달래며 해야 즐겁고 효율적이라고 강조한다. 자, 그럼 뇌를 살살 달래며 즐겁게 회계를 머릿속에 채우는 방법을 알아보자.

첫 번째, 회계를 다 알아야겠다는 부담감부터 버려야 한다.

어제 산 회계 입문서나 회계 책은 잠시 책꽂이에 꽂아놓거나 냄비 받침으로 사용해도 좋다. 회계의 20%만 알아도 80% 실무가 가능하다! 회계 80/20 법칙을 기억하자!

두 번째, 책상에서 벗어나 주변에 널려 있는 회계 궁금증을 발견해보자.

맛집을 소개하는 방송에서 '월 매출 10억 대박 가게!'를 소개하면, '10억이나 벌어? 와우!'에 그치면 안 된다. '10억을 벌면 얼마나 남는 거야? 재료비 인건비, 임차료, 전기료가 있을 텐데?'라고 질문을 던져보자.

K자동차 인기모델을 구입하려면 16개월을 기다려야 한다고 한다. 국내외에서 엄청난 인기를 누리고 있는 K자동차의 재고자산이 판매되는 속도는 어떨까?

회사 퇴사하고 가게 차린 친구가 한 달에 500만 원을 번다고 한다. 친구는 가게에서 혼자 근무하고, 아침 7시에 오픈해서 10시에 마감한다. 그럼 친구의 인건비를 제외하면 얼마나 손에 쥐는 걸까?

월급날이 되면 통장에서 스치듯 '안녕' 하고 떠나는 내 월급, 내 집 마련하려면 돈을 모아야 하는데, 언제쯤이면 살 수 있을까? 또 현재 내 자산현황은 어떨까?

요즘 화장을 해도 마음에 안 든다. 마침 친구가 시술받으러 피부과 가자고 꼬신다. 다들 시술받느라 난리던데. 피부미용 기업들은 어떤 기업들이 있고, 기업들의 주가는 어떨까?

이처럼 돈과 관련된 것이라면 모두 회계라고 보는 것이다. 그중에 내가 궁금하고 나에게 영향을 끼칠 수 있는 궁금증일수록 더 기억에 남는다. 이렇게 발견한 회계 궁금증 리스트를 작성하자. 그런데 작성만 하고 끝나면 안 된다.

세 번째, 회계에 대한 궁금증은 바로 해결하자.

자신에게 의미 있게 정보를 만드는 과정을 거쳐야 기억에 오래 남는다. 이렇게 하면 회계가 재미있고 살아 있는 지식이 된다. 앞에서 던진 질문에 대한 궁금증을 해결하자!

전자공시시스템에서 K자동차의 재무상태표와 손익계산서를 통해 재고자산 회전율을 계산해보자.

친구의 '근무시간×최저시급'을 적용해서 한 달 인건비를 계산해보고 500만 원에서 인건비를 제외해보자. 그리고 인건비를 제외한 이익금을 근무시간으로 나눠서 시간당 이익금이 얼마가 되는지 계산해보자.

내가 사고 싶은 집은 대략 얼마 정도 하는지 검색해보자. 내 자산현황을 파악하는 재무상태표를 작성해보고 한 달 손익을 계산해서 내가 사고 싶은 집을 사는데 얼마나 걸리는지 계산해보자.

상장사 중에 피부미용 기업이 무엇이 있는지 포탈에서 검색해보자. 네이버 증권에서 기업의 매출과 이익 트렌드를 살펴보고, 기업의 주가 차트를 통해 시세를 확인하자.

이렇게 일상에서 회계를 발견하고 즐기자. 그러다 보면 우리의 머릿속에 '회계가 즐겁게' 채워질 것이다.

02

일상에서 회계와 친해지는 3단계

A 야, 너 드라마 봤어? 그 배우 몰입 장난 아니더라.

B 그렇지? 완전 짱이야. 어떻게 그렇게 울부짖을 수 있지?

C (침묵) 누구?

이야기를 하는데 공통된 화제가 없으면 대화가 끊긴다. 그것만큼 어색한 게 있을까? 공통된 화제가 있으면 누구나 대화에 참여할 수 있으므로 공감대가 형성된다. '직장인이여 회계하라'의 강의 자료는 매회 업데이트된다. 신선한 회계 이슈를 가지고 강연을 할 때 수강생들이 더 집중하기 때문이다.

최근에는 대한민국 대표 반도체 기업들의 재고자산 이슈를 가지고 이야기했다. 수강생들이 뜨거운 관심을 보이며 많은 질문을 던졌다. 잘 모르거나 내용이 부족한 부분이 있으면 다음 강의에서 더 보완해서 준비한다. 강의를 준비하면서 공부도 할 수 있고 좋은 강연 분위기를 만들 수 있어서 꿩 먹고 알 먹기다. 그래서 회계 이슈를 자주 스크랩하는 습관을 만들었다.

1단계 회계 이슈 스크랩하기(대화 소재 모으기)

낯선 사람하고 친해지려면 먼저 말을 걸어야 한다. 그렇다고 아무 말이나 할 수는 없다. 그 사람이 어떤 사람인지, 뭘 좋아하는지, 어떤 대화를 나누면 좋을지 생각하고 고민하는 것이 우선이다. 이처럼 회계에게 말을 걸려면 바로 회계 책을 읽기보다 최신 회계 이슈를 스크랩하라. 특히 신문이 좋은 이유는 어려운 용어를 일반 독자에게 쉽게 전달하려고 글을 쓰기 때문에 읽기 편하다.

종이 신문을 오려서 스크랩을 할 수도 있지만, 나는 '에버노트'라는 앱을 주로 사용한다. 스마트폰, PC, 태블릿으로 접속할 수 있어서 언제든 스크랩이 가능하다. 또 인터넷 신문의 경우 기사에 광고가 덕지덕지 붙어 있는 경우가 많은데, 에버노트는 본문과 이미지, 광고 등을 전부 긁어서 붙여도 본문과 이미지만 깔끔하게 붙는다. 언제든 꺼내 볼 수 있고, 검색어만 쳐도 바로 찾을 수 있으며, 같은 소재의 글만 정리해서 보관할 수도 있다.

에버노트를 사용하지 않아도 된다. 스마트폰 자체 노트앱도 훌륭하다. 또는 카카오톡 '나와의 채팅'을 활용해 기사 링크를 붙여 넣기 하는 것도 방법이다. 자신에게 맞는 방법으로 스크랩하라. 그래야 꾸준히 할 수 있다.

개인적으로 스크랩하기 좋은 사이트가 있는데 바로 비즈워치
다. 비즈워치는 기업을 회계적으로 접근해서 최대한 쉽게 쓰려고
노력한다. 회계를 공부하는 사람에게 유용한 콘텐츠가 많으므로
즐겨찾기 하길 바란다.

회계 또는 기업 관련 이슈는 아래 사이트를 추천한다.

- 회계기사 비즈워치: www.bizwatch.co.kr
- 회계기사 더벨: www.thebell.co.kr
- 기업기사 매일경제: www.mk.co.kr
- 기업기사 한국경제: www.hankyung.com
- 투자보고서 한경컨센서스: markets.hankyung.com/consensus
- 인사이트 중앙일보 플러스 돈 버는 재미(유료): www.
  joongang.co.kr/plus

2단계 나만의 회계 용어집 만들기

스크랩만 하고 만족하면 안 된다. 자주 들여다보고 잘 모르는 회계 용어는 찾아봐야 한다. 요즘은 포털 지식 서비스가 워낙 잘되어 있어서 검색하면 바로 궁금증을 해결할 수 있다. 또 회계를 잘 아는 사람에게 물어보면 좋다. 그렇게 습득한 회계 용어를 정리해서 나만의 용어집을 만들어보자. 영어 공부할 때 단어장을 만드는 것처럼 말이다. 영어 단어를 많이 알면 영어 회화가 풍성해지듯 회계 용어를 많이 알면 알수록 재무제표 읽기가 수월해진다. 경제 기사 이해는 덤이다. 다행히 회계 용어는 영어 단어에 비하면 발톱의 때에 불과할 만큼 그 수가 적다.

먼저 삼일 IFRS 영문용어 사이트를 추천한다. 또 한글 영어 계정과목 정리가 궁금하면 금융감독원에서 제공하는 XBRL자료실에 들어가면, 금감원에서 정리한 계정과목체계 자료를 얻을 수 있다.

- 삼일 IFRS 영문용어: www.samili.com/acc/ifrsdic.asp
- 금융감독원업무자료-국제회계기준자료-XBRL자료실: www.fss.or.kr/fss/main/contents.do?menuNo=200665

3단계 회계 잡담 즐기기

회계 이슈 스크랩과 나만의 회계 용어집을 만들었다면 이제 이것을 가지고 대화를 나눠야 한다. 높은 수준의 대화를 말하는 것이 아니다. 편하게 잡담을 나눠보자는 것이다. 바로 '회계 잡담'이다.

회계를 전혀 모르는 사람에게 회계 잡담을 건네면 상대방이 불쾌해할 수 있다. 그러니 회계를 공부하는 사람들과 회계 잡담을 나눠야 서로 재미있게 즐길 수 있다. 내가 운영하는 회계 스터디 오픈채팅방이 있는데, 틈만 나면 회계 잡담을 나눈다. 예를 들면 이런 식이다. 함께 점심을 먹으러 갔는데 백반집에 생각지도 못한 '생선'이 나왔다.

"뜻하지 않은 수익이므로 이 생선은 영업외수익이네요."
"이 생선이 제 몸에 들어가면 살이 되어서 자산이 되지만, 전 살을 빼야 하니 부채이기도 합니다."
"요즘 유형자산인 제 몸뚱아리를 보면 감가상각이 심합니다. 설비투자가 시급해요."
"친구들 중에 돈 안 갚는 대손 같은 친구들이 있어요. 절교해야겠죠?"

이런 식으로 잡담을 던지면 패스하듯 또 이어받아 또 다른 잡담을 던진다. 남들이 볼 때는 쓸데없는 이야기한다 하겠지만 전혀 그렇지 않다. 회계 잡담을 통해 회계에 대한 두려움을 떨쳐낼 수 있으니까! 또 잡담이므로 용어를 정확하게 사용할 필요가 없다. 뜻만 전해지고 공감대만 형성하면 된다. 잡담도 즐기고 분위기도 좋아지고 회계 공부도 하고 얼마나 좋은가? 잡담을 나누면 회계와 금방 친해질 것이다.

03

인생 재무제표를 작성하라

연금보험을 가입하기 위해 재무 컨설턴트를 소개받았다. 컨설턴트는 10장 남짓한 재무보고서를 작성해달라고 했다. 재무보고서 항목에는 재무목표, 자산현황, 현금 유·출입 내역, 투자성향이 있었다. 아내와 함께 재무보고서를 작성하면서 우리 가정의 재무상태와 현금흐름을 알 수 있었다. 그리고 재무 컨설턴트와 상담 후 여유가 되는 현금으로 연금에 가입하기로 결정했다.

재무 컨설팅을 받으면서 '인생 재무제표를 작성해보면 어떨까?' 하는 생각이 들었다. 의학의 발달로 인간의 수명이 점점 늘어나고 있는데, 언제까지 직장생활을 할 수 있을지 미래는 불투명하다. 그래서 사람들은 창업을 고민하거나 투자를 하려고 한다. 하지만 이럴 때일수록 자신을 돌아보는 인생 재무제표가 필요하다. 인생은 계산이 필요한 순간의 연속이니까 말이다. 내가 기대하는 삶을 위해 얼마를 가지고 있고 앞으로 얼마를 모아야 할지 알기 위해서다.

'석유왕' 록펠러가 성공했던 이유는 꼼꼼한 재무제표 작성 덕분이다. 그는 주급 4달러를 받으며 일할 때부터 수입과 지출을 1센트도 빼먹지 않고 기록했고, 자녀에게도 재무제표 작성을 강조했다고 한다. 당시 그의 자산 가치는 현재 세계 최고 부자인 빌 게이츠보다 세 배나 됐다니 엄청난 부가 재무제표로 시작된 셈이다. 그러니 우리도 록펠러를 따라 해보자. 재무제표 작성으로 자신의 자산 현황과 이익을 정확히 아는 것, 이것이 중요하다.

재무상태표, 손익계산서 작성하기

1년에 한 번 회계 결산을 하는 것처럼 내 삶의 재무상태표와 손익계산서를 작성해보자. 미래를 위해 현재를 검토하고 재무 계획을 세운다면 안정적인 노후를 준비할 수 있다. 회계 결산과 마찬가지로 기간을 정하여 지속적으로 기록하면 자산의 변동을 확인할 수 있어서 장기적인 목표를 세우기에 좋다.

재무목표를 직관적으로 계산해보고 싶다면 낙원계산기 사이트를 추천한다. 현재 보유하고 있는 자산금액과 저축하고 있는 금액, 은퇴시기, 기대하는 투자수익률 등을 입력하면 은퇴 후 얼마의 자산이 모이는지 계산해준다.

- 낙원계산기: keep-ones.me/#/paradise-calculator

인생 재무상태표

자산		부채	
종류	금액	종류	금액
현금성자산 (현금, 예금)		유동부채 (신용카드, 단기대출)	
투자자산 (적금, 펀드, 증권, 연금)		비유동부채 (장기대출)	
사용자산 (부동산, 차량)		부채 합계	
기타자산 (각종 회원권, 소장품)		자본(자산-부채)	
자산 합계		부채와 자본 합계	

인생 손익계산서

구분	금액
수익 (근로소득)	
(-) 고정비용 (주거비, 재산세, 소득세, 건보료, 기타 고정비)	
(-) 변동비용 (생활비, 식비, 통신비, 보험료, 교통비 등)	
(+) 기타수익 (기타활동으로 인한 소득, 투자 소득)	
이익	

회계 레벨별 책 읽기

회계를 본격적으로 공부하기 위해서는 자신의 수준에 맞는 책을 잘 골라야 한다. 게임을 하면 레벨이 존재한다. 레벨을 밟고 중간보스를 이겨서 끝판까지 가야 엔딩을 볼 수 있다. 그래서 회계 레벨별로 책을 추천하려고 한다.

레벨0, 시작은 윤정용의 《제가 좀 숫자에 약해서》다. 숫자만 보면 말문이 막혔던 숫자싫어증을 극복하며 숫자랑 친해지는 스킬을 소개하는 책이다. 이 책을 읽으면 더 이상 숫자를 두려워하지 않을 것이다. 이 책으로 용기를 얻었다면 《직장인이여 회계하라》를 다시 읽자.

레벨1은 하야시 아츠무의 《회계학 콘서트》다. 총 5권이지만, 1권만 읽어도 좋다. 하야시 아츠무 특유의 독특한 회계 관점이 재미있고, 스토리텔링 형식이라 빈약할 수 있는 부분들을 챕터마다 내용정리로 채워준다. 무엇보다 관리회계를 배울 수 있어서 좋다.

레벨2는 윤정용의 《대한민국에서 제일 쉬운 7일 완성 재무제표 읽기》다. 《직장인이여 회계하라》에서 배운 재무제표 읽기보다 한 차원 높은 재무제표 읽고 분석을 할 수 있다. 주식투자자 관점에서 재무제표 100% 활용하기도 있어서 재테크에도 도움이 된다. 하루에 한 챕터씩 읽어 나가면 일주일이면 재무제표를 읽고 분석할 수 있다.

레벨3는 이재홍·김수헌 공저의 《하마터면 또 회계를 모르고 일할 뻔했다》다. 레벨1 수준인 분들이 이 책에 도전하면 십중팔구 바로 포기한다. Pre-MBA수준이고, 중간보스 격인 레벨3에 적당하다. 올컬러에 최신 사례까지, 저자들의 열정이 돋보인다고 할까?

레벨4는 이재홍·김수헌 공저의 《이것이 실전회계다》이다. 초급회계부터 중급, 고급까지 다룬다. 회계 처리가 정확히 어떻게 이루어지고 재무제표에 반영이 되는지, 실무자들이 알 수 있는 고급진 내용이 많다. 관리자 직급이라면 반드시 읽어보면 좋겠다. 물론 내용은 절대 쉽지 않다. 그러나 레벨1~3을 정복했다면 충분히 소화할 수 있다.

레벨5는 회계 분야의 세계적 학자로 꼽히는 최종학 교수의 《숫자로 경영하라》다. 한국 기업들의 생생한 사례들이 담겨 있고, 회계정보를 어떻게 이용해서 의사 결정을 해야 하는지 명쾌하게 보여준다. 이 책을 읽으면 새로운 회계의 세계가 열릴 것이다.

회계 레벨 끝판왕은 황이석의 《CFO 강의노트》다. 구글의 조지 레이에스, 디즈니의 게리 윌슨, 테슬라의 재커리 커크혼 등 세상을 뒤흔든 기업에는 언제나 최고의 CFO가 있었다. 회계 레벨 끝판왕으로 이 책을 선택한 이유는 회사에서 CFO만큼 회계정보를 적극적으로 활용하는 사람은 없기 때문이다. CFO의 강의노트를 들여다 보면 회계정보를 활용한 재무 전략을 어떻게 세우는지 알게 될 것 이다.

2장

회사생활을 200% 레벨업하는 회계 공부법

일이 재밌어졌어.
나를 보는 시선이 달라졌어.
내 주가가 오르고 있어.

회계 하나 공부했을 뿐인데!

01

사업보고서로 회사를 읽어라

일에 매몰되어 이 일을 왜 해야 하는지, 이 일이 회사에 기여하는 것이 무엇인지 모를 때 우리는 방황한다. 내가 일하는 이유, 팀의 존재 목적이 무엇인지, 회사가 살아남기 위한 힘은 무엇인지 안다면 일이 즐거워진다. 그것이 바로 회사생활을 200% 레벨업하는 회계 공부법이다. 그러기 위해서 회사를 공부해야 한다.

최고의 회사 공부는 바로 사업보고서를 읽는 것이다. 창업자는 사업을 시작할 때 사업계획서를 작성한다. 사업계획서에는 사업의 비전과 내용, 가능성, 수치를 담아야 한다. 사업보고서는 계획서가 실행되고 현실이 된 역사와 구체적인 수치, 회사 전반에 대한 내용, 재무제표 등을 담는다. 즉 사업보고서에는 일반투자자에게 제공할 수 있는 회사의 모든 것이 들어 있다. 다음은 전자공시시스템 기업공시 길라잡이에 나온 사업보고서에 대한 내용이다.

정기공시 제도의 의의

정기공시는 증권을 발행하거나 상장한 법인 등의 사업내용, 재무상황 등 기업 내용을 정기적으로 공시함으로써 일반투자자에게 합리적인 투자판단 자료를 제공하고 시장에서 공정한 가격 형성이 이루어지도록 하여 거래 질서를 확립하고 투자자를 보호하기 위한 제도입니다.

사업보고서 제출대상 법인은 사업연도 경과 후 일정기간 이내에 회사의 사업내용 등을 기재한 사업·반기·분기보고서를 제출하여야 합니다.

회계팀 시절 공시 시즌마다 가장 괴로웠던 것이 바로 사업보고서 작성이었다. 내용이 방대할 뿐 아니라 양도 많아서 작성하고 검토하는 수고가 많이 들어가기 때문이다. '이렇게 많은 내용을 과연 누가 볼까?'라는 생각도 들었다. 그렇다고 대충 할 수도 없었다. 사업보고서는 회사를 있는 그대로 보여주는 역사서니까. 그래서 작은 것 하나라도 꼼꼼하게 확인해야 했다. 사업보고서를 읽는다면 남들보다 3배 더 빠르게 성장하는 회사 공부를 할 수 있다.

사업보고서에서 사업의 내용, 재무에 관한 사항, 이사의 경영진단 및 분석의견은 반드시 읽어보자!

02

우리 회사 재무제표를 베껴 그리자

송숙희의 《최고의 글쓰기 연습법, 베껴쓰기》라는 책을 읽었다. 눈으로 읽고 손으로 읽다 보면 쓰기까지 해결된다는 내용이었다. 회사 재무제표를 이해하는 방법도 이와 같다. 재무제표를 베껴 그리다 보면 궁금하게 되고, 따라서 다른 재무제표를 찾아보고 이해하려 노력하게 된다.

회사의 재무제표와 친해지고 싶다면, 재무제표를 베껴 그려라. 손으로 직접 그리는 방법이 있고, 엑셀로 그리는 방법이 있다. 시간이 있다면 손으로 직접 그리면 좋다. 두 번째 뇌라고 불리는 손으로 직접 재무제표를 그리면 재무제표의 구조와 계정의 위치가 명확하게 보인다. 또 단계별로 그리는 방법이 있다. 실제 재무제표 전체의 모습을 그려보고, 각 대표 계정별로 묶어서 그리는 방법이다. 손으로 직접 재무제표를 베껴 그리다 보면, 회계 실무자보다 더 유용하게 재무제표를 이용하게 될 것이다.

대부분의 회사는 엑셀로 재무제표를 작성한다. 엑셀로 재무제표를 베껴 그릴 때 함수를 직접 넣어서 작성하길 바란다. 엑셀은 시트 복사가 가능하므로 여러 시트를 복사한 후 같은 업종의 회사 재무제표를 베껴 그려보자. 재무제표 형식은 거의 비슷하므로 계정의 위치와 금액만 넣으면 손쉽게 작성할 수 있다.

대표 계정별로 묶어서 우리 회사와 경쟁 회사를 한눈에 볼 수 있도록 작성해보길 바란다. 예를 들면 손익계산서의 경우 매출액, 매출원가, 판관비, 영업이익, 당기순이익 항목을 넣어 표를 만든 후 회사별 시트 값을 끌어와 입력하면 된다.

시가총액 5위 안에 있는 기업들 중 어떤 회사가 많이 남길까?(22년 7월 기준) 궁금하다면 손익계산서에서 매출액, 매출원가, 매출총이익을 기록하고, 매출총이익률을 계산해서 비교하자.

시가총액 1~5위 '22년 매출총이익

단위: 억원

구분	1위 삼성전자	2위 LG 에너지솔루션	3위 SK하이닉스	4위 삼성 바이오로직스	5위 삼성SDI
매출액	3,022,314	255,986	446,216	30,013	201,241
매출원가	−1,900,418	−213,081	−289,937	−15,328	−159,033
매출총이익	1,121,896	42,905	156,279	14,685	42,208
매출총이익률	37%	17%	35%	49%	21%

03

조직도와 재무제표를 매칭하라

회사는 회사의 성장을 위해서 조직을 개편한다. 시장의 변화에 적응하고, 살아남기 위해 조직에 긴장감을 불어넣는 것이다. 회사는 실적이 악화되면 관련 부서의 몸집을 줄이고, 돈을 버는 사업 부서에 역량을 집중시키는 조직 개편을 단행한다. 이처럼 조직 개편은 회사의 연례행사가 아니라 살아남기 위한 몸부림이라고 보면 된다.

우리는 조직도를 통해서 각 팀과 사업 부문의 목표와 존재 이유를 파악해야 한다. 회사가 팀을 분리하고 사업부를 합치는 데는 모두 이유가 있기 때문이다. 더 나아가 조직도를 재무제표와 매칭해야 한다. 회사에서 각 팀의 성과가 얼마인지 알아야 하기 때문이다. 특히 우리 팀과 관련된 재무제표 속 계정이 무엇인지 관심을 가져야 한다. 예를 들어 영업팀은 재무상태표의 매출채권, 손익계산서의 매출과 대손상각비, 판매촉진비 등에 기여를 한다. 또 연구소는 재무상태표의 무형자산 개발비와 지적재산권, 소프트웨어, 손익계산서의 연구개발비 등에 기여한다. 이런 계정을 통해 우리 팀이 목표 대비 성과가 어떤지, 나의 성과는 어떤지 읽어야 한다.

조직도를 이해하고 재무제표를 매칭하면 경영자의 눈으로 회사 전체의 흐름과 방향을 읽을 수 있다.

리노공업의 조직표

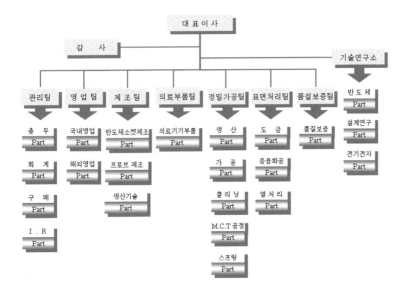

3장

실전 회계 적용법

나는 회계한다. 고로 승진한다.

내일 회사가 망할지라도
나는 이직할 회사의 회계정보를 보겠다.

01

승진하고 싶다면 회계하라

1600만 직장인들의 멘토 승진행 씨. 그가 드디어 모 기자에게 승진에 대해서 입을 열었다.

모 기자 살아 있는 전설을 직접 뵙게 되어서 영광입니다. 단도직입적으로 묻겠습니다. 승진의 비결을 말씀해주시죠.

승진행 감사합니다. 재수 없을 수 있지만, 저는 원래 일을 잘하는 사람이었습니다. 그런데 아쉽게도 뭔가 부족했죠.

모 기자 그게 뭔가요?

승진행 직급이 올라가면서 일에 대한 고민이 생겼는데, 내가 일을 잘하고 있는 건지, 또 일을 잘 알고 있는지에 대한 고민이었습니다.

모 기자 그래서 어떻게 고민을 해결하실 수 있었죠?

승진행 우연히 들은 '직장인이여 회계하라' 강의 때문이었습니다.

평소 숫자에 약하다고 생각해서 회계를 외면하고 살았습니다. 그런데 강의를 들으면서 회계란 회사를 훤히 들여다볼 수 있는 도구임을 깨닫게 되었습니다. 지금까지 전 제 업무 테두리 안에서만 일을 했을 뿐입니다. 그리고 보고와 보고서 작성에 최선을 다했습니다. 그런데 회계는 회사 전체를 보면서 회사의 재무상태와 이익에 제 업무가 어떻게 기여하는지 보여줍니다.

모 기자 회계가 해결책이었군요! 그렇다면 어떻게 회계를 이용하셨습니까?

승진행 회계적으로 생각하기 시작했습니다. 내가 월급을 받기 위해 회사에 얼마를 벌어줘야 할까 궁금증이 생겼습니다. 회사에서 제공하는 4대 보험금, 복리후생비, 사무실 임대료 등과 상품의 마진율을 계산해봤습니다. 제 월급의 3배 이상의 매출을 올려야 되더군요. 연봉 2700만 원이었던 제가 8100만 원 이상의 매출을 일으키지 않으면 회사엔 손실이었습니다. 이렇게 계산해보니 제 가치가 눈에 확 들어오더군요. 반대로 제가 8100만 원 이상의 매출을 일으킬 수 있다면 제 가치를 최대한으로 끌어올리게 되는 거니까요.

애플의 CEO 팀 쿡은 스티브 잡스에게 스카우트되어 잘 다니던 회사를 그만 두고 망하기 직전인 애플에 입사했습니다. 불필요한 부품 재고를 줄이고 부품 수급을 개혁하는 중장기 프로젝트를 성공적으로 이끌었고 애플의 재무상태를 탄탄하게 개선했죠. ERP 시스템 도입과 생산의 아웃소싱화로 망해가던 애플의 흑자전환을 이끌어냈습니다. 팀 쿡은 회계적으로 생각했으므로 회사의 모든 상황을 꿰뚫어 볼 수 있던 거지요. 팀 쿡이 있었기에 스티브 잡스는 창의적인 일에 집중할 수 있었습니다. 그리고 팀 쿡은 결국 잡스의 후계자가 되었죠.

모기자 또 다른 이야기도 들려주세요.

승진행 회계어로 보고서를 작성하기 시작했습니다.

모기자 회계어요?

승진행 네. 회계정보를 가지고 회사와 대화하는 능력이 바로 회계어입니다. 기존의 보고서는 상사에게 한눈에 보이도록 잘 만든 보고서였습니다. 그러나 그뿐이었습니다. 투자를 결정하거나 구매를 결정하거나, 보고서는 상사의 결정을 도와주도록 정보를 제공해야 합니다. 그런데 제가 만든 보고서는 주관적인 의견과 짜깁기일 뿐 신뢰할 만한 정보는 아니었습니다. 회계를 배우고 회계어를 보고서에 넣기 시작했습니다. 예를 들면 구매 결정을 위한 보고서를 작성할 때 기존에는 거래 회사의 견적만 첨부했다면, 이번엔 거래 회사의 요약 재무제표와 재무비율 분석을 넣었고 어떤 회사가 재무상태가 우수한지 비교할 수 있도록 작성했습니다. 회계정보만큼 구체적이고 객관적인 정보는 없으니까요.

"이번 달 이익이 별로 안 좋습니다"라고 말하는 것과 "이번 달 이익이 40억 원으로 전월 대비 10%인 4억 원이 증가했습니다. 매출은 9억 원 증가했으나, 신규 상품 프로모션의 진행으로 판매촉진비 5억 원을 지출했기 때문입니다"라고 말하는 것 중 어느 쪽에 더 신뢰가 갑니까?

모 기자 당연히 후자겠죠. 그렇게 말씀하시니 승진 이유가 명확하네요. 마지막으로 직장인들에게 승진 팁을 전해주신다면?

승진행 네. 첫 번째 팁은 데이터를 자유자재로 활용할 수 있도록 엑셀을 배우세요. 회사의 시스템이 아무리 좋아도 그 안에 있는 데이터를 가공해서 활용할 수 없다면 아무 의미가 없습니다. 예를 들어 영업을 담당하는 매니저라면 판매데이터나 구매데이터를 파악하고 검증할 수 있어야죠. 두 번째, 회계팀 사람들과 친해지세요. 회계팀은 회사의 모든 활동을 숫자로 기록하는 팀입니다. 회계팀에 있는 사람들은 회사의 모든 업무를 파악하고 있어야 합니다. 회계팀이 최종 결재 부서이므로 증빙이나 품의를 까다롭게 요구해서 피하는 경우가 많습니다. 그러나 회계팀 사람들과 친해져야 합니다. 결재 업무를 유연하게 만들 수 있을 뿐 아니라 그들의 업무에 대한 태도를 배울 수 있습니다. 또 다양한 회계 지식과 자료를 제공받을 수 있죠. 회계팀에 친한 사람 한 명은 꼭 만드세요. 게다가 회계팀 사람들은 엑셀을 발로 합니다. ㅎㅎ

그리고 '직장인이여 회계하라' 강의를 들어보시기를 추천합니다.

모 기자 네, 저도 꼭 들어보겠습니다. 감사합니다.

02

이직하고 싶다면 회계하라

이직을 밥 먹듯이 하는 친구가 있다. 가끔 이 친구에게 전화가 오는데 이직 고민 있을 때만 연락을 한다.

나 너님 또 이직이냐?

친구 헐, 어떻게 알았어?

나 이직할 때만 전화하잖아. 인마.

친구 헤헤, 미안타. 헤드헌터한테 연락이 왔는데 어떻게 해야 할지 고민이라서.

나 너 정도면 이직의 신이다 신. 나한테 물어볼 것 없을 것 같은데. 그리고 내 말도 안 듣잖아.

친구 에구, 내 맘대로 결정했다가 후회를 몇 번이나 했지. 그때마다 네 얘기 들을걸 했다니까.

친구는 이직에서 헤드헌터를 통해 조율하는 조건과 대우를 가장 중요하게 생각한다. 그런데 이직하고 나서 후회하는 이유가 뭘까? 자기가 생각한 것과 달라도 많이 다르기 때문이다. 조건과 대우는 약속한 것과 동일하지만 후회하는 이유는 '회사가 금방 망할 것 같더라, 회사 분위기가 나쁘다, 직원들이 회사 욕하기를 옹알이 하듯 하더라' 등 한두 가지가 아니었다.

비단 이 친구뿐만이 아니다. 많은 직장인들이 이 친구처럼 조건이나 대우만 보고 너무 쉽게 이직을 결정한다. 대기업이면 좋다고 옮기기도 하는데 최근에 무너져내린 회사들은 대부분 대기업이었다. 분식회계로 또는 경영 악화로 수천 명에서 수만 명의 임직원이 잘려 나갔다.

대기업이라고 좋아하며 바로 옮기지 말자. 대한민국 해운의 역사라고 할 수 있는 한진해운이 그렇게 무너질지 누가 알았을까? 이젠 대기업은 망하지 않는다는 '대마불사大馬不死'도 안 통한다.

성공적인 이직은 보장할 수 없지만, 회계를 알면 안정적인 이직을 할 수 있다. 더불어 이직의 필수 과정인 면접 준비도 확실히 할 수 있다.

자, 그럼 안정적인 이직을 위해서 어떻게 회계를 이용할까?

다트를 내 집처럼 드나들자

다트(금융감독원 전자공시시스템)는 공시 의무를 가진 모든 회사의 회계정보를 볼 수 있는 곳이다. 재경팀에서 바로 올린 날 것 그대로의 자료다. 누구나 볼 수 있지만 안 보는 대외비 같은 보물창고다. 안정적인 이직을 원한다면 스마트폰으로 넷플릭스나 게임만 하지 말고 다트를 통해 관심기업에 어떤 공시가 뜨고 있는지 자주 보자. 최근에 사이트를 리뉴얼하면서 스마트폰으로도 편하게 이용할 수 있다.

공시 종류는 다음과 같다

정기공시 사업보고서, 분기&반기보고서 등 기업의 사업내용, 재무상황 및 경영실적 등 기업내용 전반에 관한 사항을 정기적으로 공시

발행공시 증권신고서, 투자설명서 등 증권의 공모를 위한 서류를 단계별로 공시

지분공시 상장회사 주식 등의 지분보유, 변동사항, 보유 목적 등의 변경 내용을 공시

기타공시 주주총회 소집, 사외이사 선임 & 해임 또는 중도퇴임, 자기주식 처분결과 등 공시

주요사항보고서 사업보고서 제출대상법인은 경영활동과 관련된 사항 중 회사존립, 조직재편성, 자본 증감 등 투자의사 결정에 중요한 영향을 미치는 사실이 발생한 때 공시(유상증자, 합병, 중요한 소송 등)

사업보고서를 샅샅이 읽자

사업보고서에는 회사의 모든 내용이 들어가 있다. 2장에서 말한 '사업보고서로 회사를 읽어라'를 참고해 회사의 전반적인 내용과 역사, 방향을 확인하자.

재무제표로 회사를 분석하자

회사가 제안한 조건과 대우는 모두 회사의 이익에서 나온다. 회사가 건강하다면 문제가 없겠지만, 건강하지 않을 때 조건과 대우가 불안정해질 수 있다. 회사가 어려운데 어떻게 내 것만 지킬 수 있겠는가?

회사의 재무상태와 성과를 재무제표로 확인하는 것이다. 앞에서 충분히 회사를 분석하는 방법은 공부했다.

전자공시시스템에 이직하고 싶은 회사 또는 제안받은 회사명을 입력하고, '정기공시-사업보고서'에 체크하면 최근 사업보고서가 뜬다. 사업보고서를 열어보자. 예를 들어 이직하고 싶은 곳이 '삼성전자'라고 해보자. 다트에서 삼성전자를 검색한다.

사업보고서를 열어 좌측 문서 목차에서 사업의 내용과 재무에 관한 사항을 보며 다음 질문에 답을 적어보자.

- 삼성전자 사업부문을 설명하시오. → 사업의 개요
- 사업부문 별 주요제품은 무엇입니까? → 주요 제품 및 서비스
- 삼성전자 사업부문 중 매출액이 가장 큰 사업부문과 영업이익이 가장 큰 사업부문은 어디입니까? → 기타참고사항-사업부문별 요약 재무 현황
- 삼성전자는 3개년 연결기준 매출액과 영업이익, 별도기준 매출액과 영업이익은 얼마입니까? → 재무에 관한 사항-연결재무제표-재무제표
- 삼성전자의 연결 기준 자산은 얼마고, 가장 큰 금액의 자산은 무엇입니까? → 재무에 관한 사항-연결재무제표
- 삼성전자의 주요사업장 현황이 어떻게 됩니까? → 사업의 내용-원재료 및 생산설비-생산설비 및 투자 현황 등
- 삼성전자의 직원수는 몇 명이고 평균급여는 얼마입니까? → 임원 및 직원 등에 관한 사항-임원 및 직원 등의 현황

비상장사의 경우 감사보고서-첨부에서 기업개황자료를 볼 수 있다. 기업개황자료에는 임직원수가 몇 명인지 확인할 수 있다. 손익계산서 급여액을 임직원수로 나누면 평균 연봉이 어느 정도되는지 계산할 수 있다.

경쟁사를 비교하자

이번에는 '내가 옮길 회사의 경쟁사는 누구일까?', '우리 회사는

경쟁사보다 얼마나 뛰어날까?'를 살펴보자. 나중에 면접 볼 때 큰
도움이 된다.

상장사의 경우 네이버 증권에서 회사 이름을 치면 증권 정보
가 뜬다. 네이버 증권에서 오뚜기를 검색해보자. 해당 자료는 현재
PC에서만 검색이 가능하다.

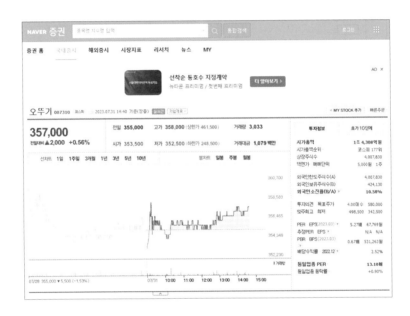

스크롤을 내려서 보면 하단 메뉴에 종목분석이 있다. 종목분석
으로 들어가면 투자지표에서 오뚜기의 다양한 재무지표 분석을
확인할 수 있다. 업종분석에서 경쟁사의 요약 재무제표와 핵심 재
무지표를 한눈에 확인할 수 있다.

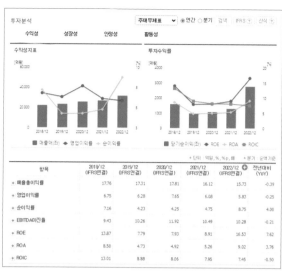

투자분석　　　　　주재무제표 ▼　◉연간 ○분기　검색　IFRS ?　산식 ?

수익성　　　성장성　　　안정성　　　활동성

수익성지표　　　　　　　　　　　　　투자수익률

■ 매출액(좌)　◆ 영업이익률　◆ 순이익률　　　■ 당기순이익(좌)　◆ ROE　◆ ROA　◆ ROIC

* 단위 : 억원, %, %p, 배　* 분기 순액기준

항목	2018/12 (IFRS연결)	2019/12 (IFRS연결)	2020/12 (IFRS연결)	2021/12 (IFRS연결)	2022/12 ⊕ (IFRS연결)	전년대비 (YoY)
+ 매출총이익률	17.76	17.31	17.81	16.12	15.73	-0.39
+ 영업이익률	6.75	6.28	7.65	6.08	5.83	-0.25
+ 순이익률	7.16	4.23	4.25	4.75	8.75	4.00
+ EBITDA마진율	9.43	10.26	11.92	10.49	10.28	-0.21
+ ROE	13.87	7.79	7.93	8.91	16.53	7.62
+ ROA	8.50	4.73	4.92	5.26	9.02	3.76
+ ROIC	13.01	8.88	8.06	7.95	7.45	-0.50

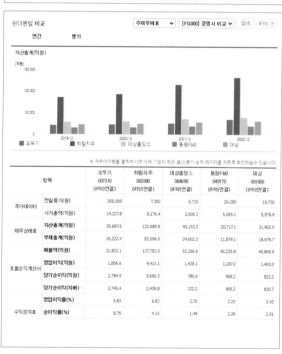

펀더멘털 비교　　　　　주재무제표 ▼　[FG000] 경쟁사 비교 ▼　검색　IFRS ?

연간　　　분기

자산총계(억원)

■ 오뚜기　■ 하림지주　■ 대상홀딩스　■ 동원F&B　■ 대상

※ 재무아이템을 클릭하시면 아래 기업의 최근 결산/분기 순액 데이터를 차트로 확인하실 수 있습니다.

	항목	오뚜기 007310 (IFRS연결)	하림지주 003380 (IFRS연결)	대상홀딩스 084690 (IFRS연결)	동원F&B 049770 (IFRS연결)	대상 001680 (IFRS연결)
주가데이터	전일종가(K원)	355,000	7,300	6,710	26,250	16,730
	시가총액(억원)	14,227.8	8,176.4	2,500.3	5,065.1	5,978.9
재무상태표	자산총계(억원)	35,697.6	132,689.9	40,153.3	20,717.1	31,902.0
	부채총계(억원)	16,222.4	82,096.0	24,602.3	11,879.1	18,675.7
포괄손익계산서	매출액(억원)	31,833.1	137,753.0	52,266.6	40,235.8	40,840.9
	영업이익(억원)	1,856.6	9,413.1	1,438.1	1,287.0	1,400.0
	당기순이익(억원)	2,784.9	5,690.3	780.6	908.2	822.2
	당기순이익(지배)…	2,745.4	2,439.8	322.2	908.2	830.7
수익성지표	영업이익률(%)	5.83	6.83	2.75	3.20	3.43
	순이익률(%)	8.75	4.13	1.49	2.26	2.01

회사 분위기를 파악하자

사업보고서에서 임직원의 급여 현황을 볼 수 있지만, 직원의 경우 급여 총액을 인원수로 나눈 평균급여를 보여주므로 내 직급의 급여를 확인하기 어렵다. 또 사업보고서에는 직원들의 이야기가 없다.

그럴 때는 기업의 백그라운드 정보를 제공하는 사이트를 이용하는 게 좋다. 잡플래닛과 블라인드에 들어가보자. 두 사이트에는 해당 회사의 직원이 면접, 연봉, 분위기 등 솔직한 이야기를 쓰기 때문에, 사업보고서와 함께 살펴본다면 안정적인 이직을 준비할 수 있다.

해당 회사의 직원과 만나라

회사의 재무상태, 성과, 문화까지 확인했다. 마지막으로 회사에서 일하는 사람이 있다면 꼭 만나라. 선배든 후배든 모든 인맥을 활용해서 만나라. 회사의 살아 있는 이야기를 들을 수 있다. 성장성은 무척 뛰어나지만 현금흐름이 불안한 소셜커머스 회사에 다니는 친구가 있었다. 해외에서 조 단위의 투자를 받았고 혁신적인 배송 시스템으로 엄청난 성장을 이룬 회사지만, 재무제표로는 결코 우수하다고 볼 수 없었다. 게다가 소매유통 최강자와의 한판 승부로 위태로워 보이기도 했다.

그런데 회사에 다니는 친구와 이야기해보니 회사에 대한 만족도와 충성도가 훌륭했다. 회사에 대한 믿음이 견고한 것을 보고 재무제표로 판단할 수 없는 가치가 있음을 보았다. 참고로 친구가 다니는 회사는 바로 쿠팡이었다. 카카오도 초기에는 형편없는 재무 상태였다. 그렇지만 지금은 어떤가? 23년 7월 24일 기준 시가총액 14위인 명실상부 대한민국 대표 IT 대기업이 되었다.

메타의 2인자였던 셰릴 샌드버그가 하버드 경영대학원 졸업식 축사에서 말했다.

"로켓(엄청난 성장성을 가지고 있는 회사)에 자리가 나면 올라타라!"

그저 연봉 상승을 위해서 이직을 한다면 기대치에 충족하는 이직은 절대 없을 것이다. 먼저 '왜 이직을 하는가?'에 대한 답을 정리하자. 직무역량을 위한 이직이 먼저다. 연봉은 따라오게 되어 있다. 그리고 안정성과 성장성을 보면서 당신의 성향에 따라 회사를 선택하라. 회계는 당신의 결정을 도와줄 것이다.

03

재테크하고 싶다면 회계하라

회사에서 이익을 늘리는 방법은 단순하다. 매출을 늘리거나 비용을 줄이거나. '수익-비용' 기억나는가? 이것을 재테크에 대입해보자. 매출을 늘리는 방법으로 빌라 & 빌딩 투자, 펀드 & 주식 투자, 연금 등 재테크 수단은 무수히 많다.

그런데 굉장히 멀게 느껴지지 않는가? 종잣돈이 없이는 하기가 어려운 것들이 많다. 또 재테크를 하자니 머리가 아프다. 투자를 위해 수시로 고민하고 결정해야 하기 때문이다.

재테크의 1단계: 종잣돈 마련하기

앞에서 인생재무제표를 작성하면서 미래를 위한 재무목표가 생겼을 것이다. 아마도 근로소득으로는 택도 없다는 걸 깨달았으리라. 그래서 내 소중한 돈을 불려주는 재테크가 필요한데 서두르지 말고 단계적으로 차근히 접근해야 한다.

재테크의 1단계는 종잣돈을 마련하는 것이다. 가장 쉬운 종잣돈 마련 방법은 비용을 줄이는 것이다.

월급이 얼마인지는 알면서 한 달에 얼마를 쓰는지 모르는 직장 인은 많다. 회계의 시작은 바로 증빙(영수증)이라고 했다. 내가 쓴 비용을 기록해야 비용의 정체를 알 수 있다. 정체를 알아야 줄일 것 아닌가?

요즘엔 스마트폰 가계부 애플리케이션(앱)이 아주 잘되어 있다. 나의 경우에는 토스뱅크를 사용하고 있는데, 카드와 통장 내역을 모두 끌어와서 계정만 정해주면 알아서 수입과 지출내역을 작성 해주고 분석까지 해준다. 수입과 지출, 잔고를 한눈에 볼 수 있으 니 바로 반성 모드로 들어간다. 가계부 작성을 원한다면 토스뱅크 나 뱅크샐러드를 추천한다.

내가 쓰고 있는 비용과 대면해라. 비용이 눈에 보여야 관리가 가능하다. 모든 비용을 멱살 잡아 끄집어내야 한다. 그리고 쓸데없 는 비용은 과감히 줄여라. 줄인 비용이 그대로 종잣돈이 되는 것이 다. 이 돈을 가지고 연금을 들든 주식에 투자하든 펀드에 넣든 결 정하면 된다. 펀드 돌풍을 일으킨 존 리 메리츠자산운용 전 대표 는 커피 마시고 차 살 돈으로 주식에 투자해야 한다고 말한다. 젊 을 때 차를 사면 가난해지는 지름길이라고 말하는데 월 80만~100 만 원의 돈이 할부비용, 주유비, 보험료, 주차비, 수리비로 들기 때 문이다. 이 돈만 아껴도 주식에 장기투자할 수 있다는 것이다.

돈 걱정없는 현금흐름 만들기

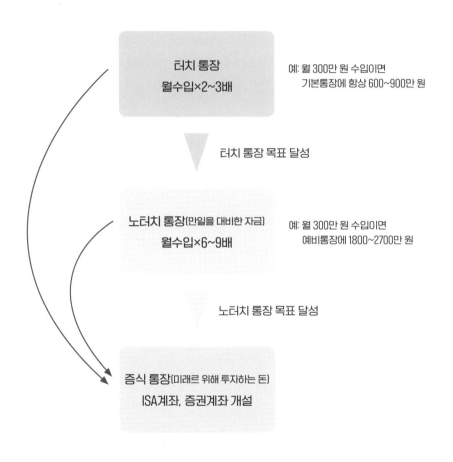

터치 통장
월수입×2~3배

예: 월 300만 원 수입이면
기본통장에 항상 600~900만 원

터치 통장 목표 달성

노터치 통장(만일을 대비한 자금)
월수입×6~9배

예: 월 300만 원 수입이면
예비통장에 1800~2700만 원

노터치 통장 목표 달성

증식 통장(미래르 위해 투자하는 돈)
ISA계좌, 증권계좌 개설

현금쿠션을 넉넉히 만들고 종잣돈을 만들자. '터치 현금쿠션'
과 '노터치 현금쿠션'으로 나눌 수 있다. 터치 현금쿠션은 내 월급
의 2~3배가 기준이다. 예를 들어 300만 원을 받는다면 터치 통장에
600~900만 원이 항상 있는 거다. 터치 통장에서 생활비를 꺼내 쓰
고 월급이 들어오면 다시 메꾼다. 이게 완성된다면 다음은 노터치
현금쿠션이다. 내 월급의 6~9배가 기준이다. 예를 들어 월급이 300
만 원이라면 노터치 통장에 1800만 원에서 2700만 원이 항상 있으
며, 결혼을 하거나 사고를 당하거나 등등 정말 긴급한 일이 아니면
건들지 않는 현금쿠션이다.

이렇게 현금쿠션이 있으면 든든하다. 터치와 노터치 현금쿠션
이 만들어지면 그 다음은 재테크를 위한 종잣돈이다. 재테크에서
문제가 있어도 현금쿠션이 있어서 재기할 수 있다.

재테크의 2단계: 재테크 플랜 세우기

자, 재테크를 통해 얼마를 벌고 싶은가? 내 목표에 맞춰 재테크
플랜을 세우자. 예를 들어 10년 동안 3억 원을 목표로 한다면, 종잣
돈은 3000만 원(목표의 10%)을 마련해야 한다. 비용 절감을 통해 월 50
만 원씩, 5년 동안 재테크를 위한 종잣돈 마련이 가능하다고 치자.

3억을 목표로 하므로 종잣돈 마련 기간(5년)을 제외한 5년 동안
연평균 5400만 원의 수익이 필요하다. 이를 위한 투자 포트폴리오
를 짜야 한다.

재테크가 처음이라면 다음 단계를 밟아보자(여기서는 주식과 ETF

투자를 기본으로 설명한다).

1단계 자산배분 투자 주식, 채권, 실물자산(금), 현금 등 서로 다른 움직임을 보이는 자산을 동시에 보유해 지속적이고 반복적인 수익을 얻는 투자법. 장기간 안정적인 수익을 내면서 위험을 관리하기 좋으므로 개인연금 운용에 적용하기 좋음.

2단계 퀀트 투자 기업 재무제표의 다양한 지표를 사용해서 기간, 매수매도시점, 교체 등 규칙을 기반으로 의사 결정을 내리는 투자법. 바쁜 직장인들이 시간을 조금 투자해도 되고, 재무지표의 효과성 또는 전략을 검증(백테스트)할 수 있어서 기대 수익과 리스트를 계산할 수 있음.

3단계 개별종목 투자 기업이 벌어들이는 수익과 자산 등을 통해 기업가치를 평가하고 가격과 비교해 투자를 결정하는 가치 투자, 주식 차트를 보면서 과거 현재의 가격 패턴과 거래량 패턴으로 투자를 결정하는 기술적 투자, 금리 또는 환율이나 경제성장등 경제 상황의 변화에 투자하는 매크로 투자가 있음. 투자 공부 시간이 많이 들고 난이도가 높음.

재테크의 3단계: 개별 종목 투자하기

신입사원 회계 강연을 나가 물으면 90% 이상이 주식투자를 하고 있다고 답한다. 스마트폰으로 쉽게 주식투자를 할 수 있으므로 진입 장벽이 없고 수시로 가능하는 장점이 있다. 그런데 주식투자로 돈을 번 사람은 거의 없었다. 그저 주가가 싸거나 느낌이 좋아서 사는 '묻지마 투자'였기 때문이다.

안정적인 주식투자를 하는 방법

1. 기업의 경영진을 봐라

기업이 좋은 실적을 내는 것은 상품이나 서비스의 매력도 있겠지만, 경영진의 자질과 능력에 따라 결정되는 경우가 대부분이다. 기업의 경영진에 대한 정보는 전자공시시스템의 사업보고서에서 확인할 수 있다. 그리고 뉴스 검색으로 해당 회사의 경영진에 대한 자세한 정보를 찾아보는 것도 좋다. 이상한 경력 또는 오점이 있는 경영진의 기업은 피한다. 먹튀 리스크가 종종 일어난다.

2. 투자의 신 워런 버핏의 투자 원칙을 모방하라

2012년 예일대학교 교수들이 《버핏의 알파 Buffett's Alpha》라는 논문을 썼다. 워런 버핏의 투자 전략을 분석한 것인데, 이에 따르면 워런 버핏은 단순한 원칙에 따라 투자했고 이 원칙을 지켰기에 성공할 수 있었다.

> 싼 주식(ROE에 비해 PBR이 낮은 주식)에 투자한다.
> 재무 구조가 우량한 기업에 투자한다.
> 과거에 주가 변동성이 큰 종목은 피한다.

PBR Price Book-value Ratio은 주가순자산비율이다. 시가총액을 자본으로 나누어서 구한다. 시가총액이란 기업의 주가에 발행주식 수를 곱한 금액이다. PBR이 1보다 작으면 저평가되어 있다고 한다. ROE Return On Equity는 자기자본이익률이다. 당기순이익을 자기자본으로 나누어서 구한다. ROE가 높을수록 경영활동의 효율성이 좋다고 본다. 워런 버핏은 1년에 ROE가 최소 15% 이상 되는 기업에 투자하라고 했다. 즉 저평가되어 있으면서 이익 창출 능력은 괜찮은 회사에 투자하는 것이다.

3. 우량주를 중심으로 보라

엄격한 상장 기준을 통과해야 하는 코스피에서 찾자. 업종을 대표하는 기업 또는 시가총액 상위의 대기업들이 우량주라고 볼 수 있다. 가장 좋은 것은 그중에서 내가 관심이 많은 업종, 기업을 선택하는 것이다. 웬만하면 코스닥은 피하자. 갑자기 분식회계로 훅가는 회사가 종종 나타난다.

전자공시시스템이나 포털 사이트의 증권 정보를 통해 회사의 히스토리와 재무제표를 꼭 확인하자. 4부에서 배운 재무비율 분석을 통해 재무 건전성을 꼭 확인하자. 부채비율은 100%를 넘지 않아야 하고, 매출액과 영업이익이 매년 성장해야 한다. 그리고 주식 투자로 얻는 수익은 배당금과 매매 차익이다. 배당금이 원금을 은행에 넣었을 때 은행 이자보다 높다면 고맙다. 아무리 우량주라도 비싸면 안 된다. 우량주이면서 가격도 싸다면 고맙다. 가끔 시장이

흔들리면서 우량주의 가격이 말도 안 되게 할인되는 경우가 있다. 그때를 놓치지 말자.

4. 낮은 PER주를 골라 투자하라

워런 버핏, 피터 린치와 함께 3대 투자 전설로 불리는 존 네프는 실적 대비 주가가 낮은 주식에 투자하라고 한다. PER Price Earning Ratio은 주가수익비율로 시가총액을 당기순이익으로 나누어서 구한다. PER은 저평가 주식에 투자할 때 유용하게 사용할 수 있는 지표다. PER이 높으면 이익에 비해 주가가 높게 평가된 것이고, PER이 낮으면 이익에 비해 주가가 낮게 평가된 것이므로 주가 상승 가능성이 크다. 워런 버핏은 PER 12~15 이하일 경우를 적정 수준으로 봤다. 그보다 낮은 10 이하가 적정 수준이라고 보는 전문가도 있다. PBR 1미만이면서 PER 10 이하면서 매출액과 영업이익, 순이익이 증가하는 기업들을 주목하자.

종잣돈을 마련하는 것도, 투자를 통해 수익을 실현하는 것도 시간은 걸린다. 쉽게 돈을 벌어도 자만하게 돼서 자신의 능력보다도 더 많은 돈을 투자했다가 큰 실패를 경험할 수 있다. 교만하지 않도록 겸손한 자세로 공부하며 단기적으로는 비관적으로 장기적으로는 낙관적인 투자 자세를 취하자.

그런데 주식투자보다 더 빠른 재테크 수단은 직장에서 인정받고 내 능력과 가치를 높여서 몸값을 올리는 것 아닐까?

추가로 한 가지만 더!

재테크에 도움을 받기 위해 다음과 같은 책을 읽어보라

- 투자 마인드: 모건 하우절의 《돈의 심리학》
- 자산배분 투자: 김성일의 《마법의 투자 시나리오》
- 퀀트 투자: 강환국의 《퀀트 투자 무작정 따라하기》
- 개별종목 투자: 최준철의 《가치투자가 쉬워지는 V차트》

04

창업하고 싶다면 회계하라

직장인이라면 누구나 창업을 꿈꾼다. 누구나 창업을 하는 지금이지만, 현실은 비참하다. 창업 5년 생존율은 29%다. 암 환자의 5년 생존율 69.4%보다 낮다. 창업의 성공을 결정하는 것이 무엇인지 쉽게 말할 수 없다. 실패와 달리 변수가 너무 많기 때문이다. 그래서 나는 실패에 대해서 이야기해보려고 한다. 창업해서 잘나가던 회사도 망할 수 있다. 시작한 지 얼마 안 된 회사도 쉽게 망할 수 있다. 공통점은 바로 돈 관리다.

철저한 돈 관리로 실패 확률을 낮춰라

밀리언셀러 제조기라 불리는 출판미디어그룹 겐토샤의 대표 겐조 도루는 《전설이 파는 법》에서 경영에 대해 아무것도 몰랐지만 창업을 하면서 경영 원칙을 세웠다고 한다.

첫째, 돈이 들어오고 나간 부분을 도끼눈으로 감시하는 것이다. 매달 들어오는 돈이 빠져나가는 돈보다 많으면 회사는 절대 망하지 않기 때문이다. 돈이 언제나 남아 있도록 사수하는 것이 원칙이다.

둘째, 될 수 있으면 사람을 뽑지 않는 것이다. 겐조 도루는 창업 초기 경상이익률 목표를 정했다. 경상이익률이 25%인 회사가 목표였다. 예를 들어 20명의 회사라면 1명당 20억의 매출을 내고 경상이익 5억 원을 올리는 것이다. 그래서 웬만하면 새로운 사람은 뽑지 않았다고 한다. 한 사람이 들어오면 매출 목표를 20억 원, 경상이익을 5억 원 이상 올려야 하기 때문이다. 목표를 달성하지 못하면 회사는 망할 수 있다는 강박관념을 가지고 회사를 운영했다. 무엇보다 인건비와 이로 인한 부대비용은 규모가 작은 회사에서는 가장 큰 비용이다.

현금흐름에 신경 써라

회사에 현금이 없다면 망한다. 창업을 준비한다면 현금흐름을 어떻게 관리할 것인지 고민해야 한다.

현금흐름표에서 배웠던 잉여현금흐름을 만들어야 한다. 영업활동 현금흐름(월급)에서 투자활동 현금흐름(창업 준비)을 뺀 잉여현금흐름을 +로 만들어야 한다. 잉여현금흐름이 - 구조가 된다면 마음이 조급해지고 나쁜 아니라 주변을 힘들게 만든다. 쓸데없는 비용지출을 막고 통장엔 항상 현금이 있어야 한다.

창업 전 경영 계획을 세워보자. 월마다 고정적으로 나갈 비용이 얼마인지 보는 것이다. 엑셀로 비용 항목별로 월 총액을 구해보자. 창업을 하면 생각보다 많은 돈이 든다. 미리 준비한다면 불필요한 지출을 막을 수 있다.

멋진 사무실, 좋은 장비에 대한 욕심은 버리자. 게임 애니팡을 만든 회사는 사무실이 없어서 일요일에 모임 공간을 대여하는 '토즈'에 모여 일했다고 한다. 그래서 회사 이름이 선데이토즈다.

매출이 전혀 없어도 6개월은 버틸 수 있는 자본금으로 시작해야 사업에 집중할 수 있다. 그렇지 않으면 서브잡으로 돈을 벌어서 메꾸며 일을 해야 한다. 모든 것을 다 걸고 해도 성공할까 말까인데 다른 일을 하면서 사업을 한다? 절대 성공할 수 없다. 이런 위험을 제거하는 방법은 회사를 다니고 있을 때 철저히 준비하는 것이다. 그리고 회사를 다니며 작게 창업을 하는 것도 방법이다. 수익과 현금흐름이 발생해야 하고 어느 시점에 창업수익이 내가 받는 월급을 압도할 때 사업 쪽으로 전환하는 것도 좋다.

확신을 주는 사업계획서를 작성해라

손정의는 사업계획서를 40번이나 작성하면서 지금의 소프트뱅크를 창업했다. 사업계획서 하나 없이 창업을 준비하고 있지 않은가? 우리가 전자공시시스템에서 확인하는 사업보고서는 사업계획서를 바탕으로 기업이 이루어낸 것을 보여주는 결과보고서다. 사업계획서 없이는 사업보고서도 없다. 나와 나를 지지하는 가족들, 더 나아가 투자자에게 확신을 주는 사업계획서를 작성해야 한다. 기술력이 아무리 뛰어나도 투자자들 관심은 이거다. "그래서 돈은 언제 벌고, 우리 자금은 언제 회수하죠?"

우리나라에서 잘나가는 벤처캐피털 대표가 사업계획서의 필요 조건을 말했다. 사업계획서의 조건으로 시장, 문제점, 해결책, 시제품, 경쟁 상황, 해외 사례, 재무 계획, 회사 소개 및 팀을 들었다. 그 중에서도 예상 현금흐름 3년 치가 필요하고, 대박·중박·쪽박일 때의 케이스를 보수적 가정하에 작성해야 한다고 말했다.

사업계획서를 작성할 때 가장 어려워하는 것이 바로 재무 계획이다. 재무 계획에서 중요한 것은 매출 계획과 비용 계획이다. 비용의 경우 앞서 말한 경영계획표를 바탕으로 작성하면 된다. 창업 아이템 특성상 중요한 비용을 우선순위로 계획을 세우자. 내가 준비하는 아이템 매출 계획은 보수적으로 수립해야 한다. 내가 창업하려는 아이템과 유사한 사례가 있다면 그것을 근거로 매출 계획을 작성하자. 매출에 따른 판매촉진비나 광고선전비가 발생할 수 있다면 반드시 고려해서 계획을 세워야 한다. 재무 계획은 구체적일수록 내가 회사를 운영할 때의 시뮬레이션을 좀 더 세밀하고 정확하게 그릴 수 있다. 또 투자자는 투자금이 언제 투입되면 좋을지 예측할 수 있다.

직장인에게 창업은 정말 큰 모험이다. 창업을 하기 전, 직장인에서 창업가로 변신한 선배들의 조언을 들어볼 필요가 있다. 창업 열풍으로 정부에서 지원해주는 혜택과 창업자금 지원, 창업대회가 많이 늘었다.

창업에 대한 아래 기관 사이트에 들어가면 모임 및 행사, 인력 채용, 자금 지원 등 다양한 창업 정보를 얻을 수 있다.

- 은행권청년창업재단이 운영하는 디캠프: dcamp.kr
- 민관이 협력해서 운영하는 스타트업 얼라이언스: kr.startupall.kr
- 아산나눔재단이 운영하는 마루180: www.maru180.com
- 구글이 운영하는 구글캠퍼스 서울: www.campus.co/seoul/ko
- 초기스타트업 투자 및 멘토링 제공 프라이머: www.primer.kr

회사가 영업활동을 통해 돈을 벌듯, 당신이 가장 잘할 수 있는 일이 사업 아이템이 되길 바란다. 하고 싶은 일에 도전하기보다 잘하는 일로 돈을 벌자. 창업은 살아남기 위한 수단이지, 취미가 아니다.

확신을 주는 사업계획서를 작성하자. 안정적인 자본금을 준비하고 도끼눈으로 돈 관리를 하자. 이것만으로도 실패 확률을 현저히 낮추고 성공 가능성을 높일 수 있다.

감사의 말

회계 공부를 위해 이 책을 선택해주신 모든 독자분들께 정말 감사드립니다. 우리 함께 회계하시죠.

《직장인이여 회계하라》 개정판이 출간될 수 있도록 기회를 주신 위즈덤하우스와 출간을 위해 도와주신 분들 감사합니다.《제가 좀 숫자에 약해서》부터 인연을 맺고 이번《직장인이여 회계하라》 개정판 역시 자기 책처럼 사랑해주신 류혜정 팀장님 감사합니다.

엄청난 회계 내공으로 하나하나 감수해주신 이재홍 회계사님 감사합니다.

부족한 아들을 한없는 사랑으로 품어주시는 어머니와 아버지, 늘 따뜻한 마음으로 사위를 아껴주시는 장인어른과 장모님 정말 감사합니다.

바쁘다는 핑계를 입에 달고 다니는 아빠를 너무나 사랑해주고 응원해주는 우리 딸 아인이와 솔인이 고마워. 아인아, 아빠랑 꼭 책 같이 쓰자. 솔인아, 아빠랑 더 많이 놀자.

힘들다고 투덜거릴 때마다 힘차게 기운을 북돋아주고, 언제나 든든한 내 편으로 나를 200% 채워주는 아내 송이에게 정말 감사합니다.

내 인생 최고의 CEO, 하나님께 감사드립니다. 당신이 함께하셨기에 가능했습니다.